CB080806

STRATÉGIAS de ENSINO 50

EDITOR
Marcos Marcionilo

CONSELHO EDITORIAL
Alexandre Cadilhe [UFJF]
Ana Stahl Zilles [Unisinos]
Carlos Alberto Faraco [UFPR]
Celso Ferrarezi Jr. [UNIFAL]
Egon de Oliveira Rangel [PUC-SP]
Henrique Monteagudo [Universidade de Santiago de Compostela]
José Ribamar Lopes Batista Jr. [UFPI/CTF/LPT]
Kanavillil Rajagopalan [Unicamp]
Marcos Bagno [UnB]
Maria Marta Pereira Scherre [UFES]
Roberto Mulinacci [Universidade de Bolonha]
Roxane Rojo [UNICAMP]
Salma Tannus Muchail [PUC-SP]
Sírio Possenti [UNICAMP]
Stella Maris Bortoni-Ricardo [UnB]
Tommaso Raso [UFMG]
Vera Lúcia Menezes de Oliveira e Paiva [UFMG/CNPq]

Marcos Bagno

língua linguagem linguística

PONDO OS PINGOS NOS ii

parábola

DIREÇÃO: Andréia Custódio
CAPA E DIAGRAMAÇÃO: Telma Custódio
REVISÃO: Karina Mota
IMAGEM DA CAPA: Banco de imagens - 123RF

CIP-BRASIL. CATALOGAÇÃO NA FONTE
SINDICATO NACIONAL DOS EDITORES DE LIVROS, RJ

B134L

Bagno, Marcos, 1961-

Língua, linguagem, linguística : pondo os pingos nos ii / Marcos Bagno. - 1. ed. - São Paulo : Parábola Editorial, 2014.
136 p. ; 23 cm.

Inclui índice
ISBN 978-85-7934-097-0

1. Linguística. 2. Linguagem e línguas. 3. Língua portuguesa - Estudo e ensino. I. Título.

14-14351 CDD: 401.41
CDU: 81'42

Direitos reservados à
PARÁBOLA EDITORIAL
Rua Dr. Mário Vicente, 394 - Ipiranga
04270-000 São Paulo, SP
pabx: [11] 5061-9262 | 5061-8075 | fax: [11] 2589-9263
home page: www.parabolaeditorial.com.br
e-mail: parabola@parabolaeditorial.com.br

Todos os direitos reservados. Nenhuma parte desta obra pode ser reproduzida ou transmitida por qualquer forma e/ou quaisquer meios (eletrônico ou mecânico, incluindo fotocópia e gravação) ou arquivada em qualquer sistema ou banco de dados sem permissão por escrito da Parábola Editorial Ltda.

ISBN: 978-85-7934-097-0

1ª edição, 5ª reimpressão: abril de 2025.

© do texto: Marcos Bagno, outubro de 2014.

© da edição: Parábola Editorial, São Paulo, outubro de 2014.

Sumário

Primeiras palavras

O título deste livro já diz bem do que ele trata. É uma tentativa de responder três perguntas que as pessoas em geral e os estudantes que se iniciam nos estudos das Letras costumam me fazer com frequência: o que é língua? O que é linguagem? O que é linguística?

Para responder cientificamente, é preciso assumir logo de saída uma postura teórica, para que as respostas tenham um mínimo de coerência e não se contradigam. Depois de muitos estudos e investigações, decidi optar pelo conjunto de postulados e princípios que me parecem, pessoalmente, melhor ajudar a compreender este fenômeno complexo e exclusivamente humano que é a linguagem. São os postulados e princípios do que se chama atualmente de *sociocognitivismo*, um arcabouço teórico que, como sugere o nome, procura não separar a linguagem humana de sua função eminentemente social e cultural e de seus componentes biológicos, mais precisamente cognitivos, ou seja, relativos à produção-aquisição de conhecimento a partir das experiências vividas individualmente e em coletividade. É uma escolha pessoal, claro, como poderiam ser tantas outras. E a tentativa que faço, aqui, é precisamente oferecer argumentos que me ajudem a defender essa escolha. A propaganda não é a alma do negócio?

Assim, na primeira parte, busco oferecer à leitora e ao leitor definições o mais precisas possível do que se entende por *língua, linguagem* e *linguística* dentro do caminho teórico escolhido. Na segunda parte, a pergunta que dispara as respostas é: como e por que as línguas mudam? Aqui também me esforço por esclarecer os fatores sociais e os fatores cognitivos que, entrelaçados, provocam o fenômeno da mudança linguística, que tanto intriga as pessoas em geral e que, tradicionalmente na nossa cultura, sempre tem sido visto como algo negativo, como um sinal de ruína e deterioração da língua. Justamente para afastar esses fantasmas é que proponho esse percurso. Essa segunda parte é uma síntese de uma discussão bem mais pormenorizada que faço em torno da mudança linguística em minha *Gramática pedagógica do português brasileiro* (2012).

Este pequeno livro se destina, primordialmente, às pessoas que começam a adentrar os estudos da linguagem e também, é claro, àquelas que já militam nesse campo há muito tempo. Evidentemente, nada impede — e assim espero — que ele atraia o interesse de todas as que se interessam pelos temas aqui tratados. Para isso, fiz um grande esforço de redação para que o texto evitasse a nomenclatura técnica excessiva e falasse da maneira mais simples a suas leitoras e seus leitores. Tomara que eu tenha conseguido!

Marcos Bagno

PARTE 1

Da língua para a linguagem até a linguística

1. Linguagem, cognição e cultura

A língua que falamos exerce uma função tão dominante e poderosa em nossas vidas que uma das maiores dificuldades para quem vai se iniciar nos estudos da linguagem é lançar sobre ela um olhar minimamente objetivo, quer dizer, fazendo da língua/linguagem um **objeto**, uma "coisa" que se deixa observar, estudar, analisar etc. Em muitas das demais áreas de conhecimento, principalmente nas chamadas ciências naturais, a pessoa que pesquisa tem na sua frente um objeto concreto, palpável, manipulável — uma pedra para o geólogo, uma planta para o botânico, um animal para o zoólogo, uma substância para o químico, um órgão do corpo humano para o médico etc. — ou um fenômeno que pode ser verificado por meio de observação direta ou de instrumental adequado — a queda de um raio, a chuva, um terremoto, o surgimento de uma estrela nova, a radiação solar, a colisão dos átomos etc.

No caso do estudioso da linguagem, porém, a situação é bem diferente. Em todas as áreas de conhecimento, a língua/linguagem serve de ferramenta importantíssima para o desenvolvimento da pesquisa, da teorização — do saber, enfim. É por meio da língua/linguagem, por exemplo, que o físico elabora seus cálculos, exprime suas teses, produz suas teorias, testa suas hipóteses, redige suas fórmulas. **Albert Einstein** só pôde afirmar que $\mathbf{E = mc^2}$, isto é, "a energia é igual à massa multiplicada pelo dobro da velocidade da luz no vácuo", porque tinha à sua disposição os símbolos e os conceitos da linguagem para formalizar a ideia, além da capacidade de traduzir esses símbolos e conceitos em palavras ordenadas numa frase, que pode ser expressa em qualquer língua do mundo.

Esse distanciamento entre *objeto/fenômeno* e *expressão do objeto/fenômeno* não é possível na ciência da linguagem. Por que não? Porque, nessa ciência, **a linguagem é, ao mesmo tempo, o objeto/fenômeno e a expressão desse objeto/fenômeno**. Nós usamos a língua para falar da língua, seja usando ideias do senso comum ("A juventude de hoje tem um vocabulário pobre e fala muito errado!"), seja usando termos técnicos ("Em latim, o *sujeito* da *oração* se expressa no *caso nominativo*"). Nas demais ciências, os estudiosos criam uma **metalinguagem**, isto é, um conjunto de termos com definição bem precisa, para organizar sua área de conhecimento. No caso do linguista, porém, a língua é sua metalinguagem.

Num livro clássico de introdução à linguística, o inglês **John Lyons** escreveu que "a principal dificuldade que a pessoa recém-chegada aos estudos linguísticos enfrenta é a de não estar preparada para encarar a língua objetivamente"[1]. Essa dificuldade se deve ao fato de que **ser humano é ser na linguagem**. Nossa relação com a língua/linguagem é tão densa, tensa e complexa que a própria palavra *relação* acaba se revelando muito pobre para dar conta disso. Somos seres feitos de carne, osso e linguagem. Estamos mergulhados na linguagem tanto quanto os peixes estão mergulhados na água. A linguagem é o **ambiente** em que vivemos, e até mais do que isso: nossa experiência com a linguagem é ainda mais radical do que a do peixe com a água, porque a água existe *fora do peixe*, enquanto a linguagem existe tanto fora de nós, no nosso meio social, quanto dentro de nós, no nosso **cérebro**. A linguagem faz parte da nossa própria constituição física, fisiológica (constituição que inclui também nossa psique, já que não faz sentido separar corpo e mente, que são uma coisa só).

A dificuldade de lançar sobre a linguagem um olhar objetivo também se deve a outro fato: a natureza incontornavelmente **social** da espécie humana. Somos animais políticos, como escreveu **Aristóteles** há dois milênios e meio, ou seja, somos seres gregários, existimos no coletivo, nossa vida só faz sentido em sociedade. E a linguagem é, decerto, o nexo mais poderoso que mantém uma **comunidade humana** interligada, intraligada, coesa. A prova mais impressionante disso são os casos registrados de crianças que, muito cedo privadas do contato humano, nunca aprenderam a falar, mesmo depois que, jovens adultas, foram encontradas e reconduzidas ao convívio social. Assim, é sempre mais produtivo, quando se estuda a linguagem, considerá-la nesses dois planos ao mesmo tempo: o do **indivíduo** e o da **sociedade**. Se ser humano é ser na linguagem, **ser humano também é ser social**, de modo que linguagem e sociedade são indissociáveis: tentar separá-las é como tentar negar a existência de um dos lados de uma folha de papel, de uma das faces de uma moeda. Só mesmo na literatura fantástica de um mestre como o argentino **Jorge Luis**

[1] John Lyons, *Introduction to Theoretical Linguistics*. Cambridge: Cambridge University Press, 1968, p. 2.

Borges podemos encontrar o relato sobre um disco que só tem um lado[2]. Na vida real, muito mais fantástica que qualquer literatura (como o próprio Borges sempre reconheceu, aliás), a língua é um disco com seus dois lados bem nítidos, o biológico-individual e o cultural-social, mas unidos para sempre.

A melhor imagem para representar metaforicamente a língua/linguagem talvez seja a célebre **fita de Moebius**[3], um objeto matemático que só tem um lado, uma borda, uma fronteira e é não orientável, quase como o disco de um lado só da ficção de Borges.

Figura 1: Fita de Moebius.

Se uma formiga se pusesse a caminhar ao longo dessa fita, ela retornaria ao ponto de partida depois de ter atravessado todo o comprimento da fita. Assim fazemos nós a cada milésimo de segundo com a linguagem: nos movemos do individual para o social o tempo todo, sem jamais sair de um para entrar no outro nem vice-versa!

2. A cognição social

Quando dizemos que a linguagem está **inscrita no cérebro** de cada indivíduo, estamos afirmando que ela é um fenômeno de ordem

[2] Conto "El disco" do volume *El libro de arena*. Buenos Aires: Emecé, 1975.

[3] A fita (ou faixa) de Moebius (ou Möbius) deve seu nome ao matemático alemão August Ferdinand Möbius (1790-1868), que se dedicou ao seu estudo.

cognitiva. Se consultarmos o dicionário *Houaiss*, encontraremos, no verbete *cognitivo,* a seguinte acepção:

> Diz-se dos princípios classificatórios derivados de constatações, percepções e/ou ações que norteiam a passagem das representações simbólicas à experiência, e também da organização hierárquica e da utilização no pensamento e linguagem daqueles mesmos princípios.

Parece complicado, não é? Mas o que é realmente complicado, complexo, é a nossa capacidade fabulosa de adquirir conhecimento por meio dos nossos sentidos físicos e dos processamentos da nossa mente, ativados em grande parte por esses mesmos sentidos, sensações e sentimentos. E o que é mais fabuloso: fazemos tudo isso do modo mais espontâneo e inconsciente e, principalmente, nunca sozinhos, mas sempre em **interação sociocultural**.

A palavra **cognição** é uma versão técnica, científica, da palavra **conhecimento**, mais comum e corriqueira. As duas têm a mesma origem: o verbo latino *cognóscere*, do qual deriva o nosso verbo **conhecer** (que em fase mais antiga da língua era *conh**o**cer,* forma mais próxima do termo original latino). Um fato interessante nessas palavras é a presença, tanto em latim quanto em português, do prefixo *co-*, que é, na verdade, a preposição *com*. O **co**nhecimento/**co**gnição se **con**strói em **co**munidade, num trabalho **co**letivo, ou seja, uma **co**laboração. Toda forma de conhecimento é, portanto, social. Senão, ele se petrifica, se fossiliza, deixa de ser conhecimento para se tornar apenas... cimento!

A linguagem então é um fenômeno de ordem **sociocognitiva**, quer dizer, ao mesmo tempo em que é uma capacidade biológica da espécie humana (e exclusiva da espécie humana) de adquirir/produzir/transmitir conhecimento por meio de representações/simbolizações do mundo, ela também é uma força motora de

coesão social, ela é preservada e transformada pelos membros de uma comunidade humana e, por isso, sujeita aos fluxos, influxos e contrafluxos políticos, econômicos e sobretudo **culturais** dessa comunidade. Nesse sentido, é certo dizer que a língua é um **trabalho social** empreendido coletivamente por todos os membros da comunidade que a utilizam. Cada um de nós não é um mero "usuário" da língua que falamos: nós também somos os *produtores*, os *cultivadores*, os *preservadores*, os *transmissores* e os *transformadores* dessa língua que nos pertence a cada um de nós como indivíduo e como membro de um grupo social que partilha uma mesma cultura (com suas múltiplas subculturas).

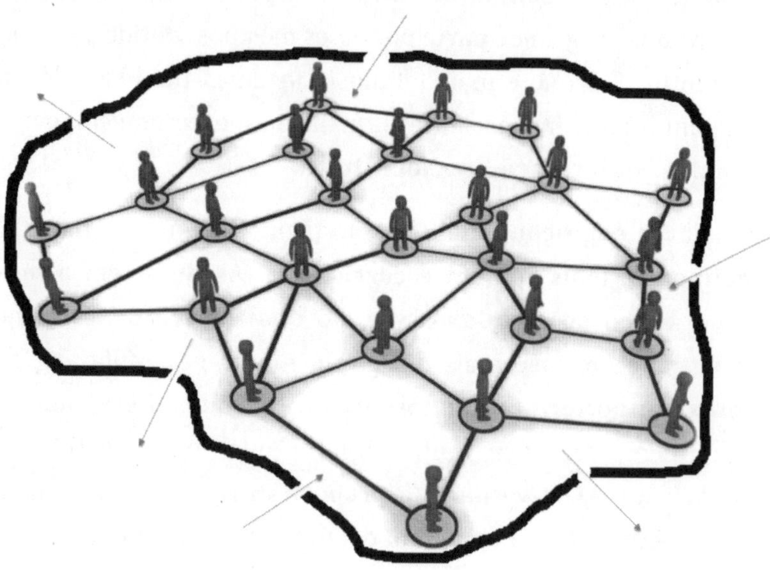

Figura 2: Cognição social.

Nessa figura, bastante esquemática, o pequeno círculo em torno de cada indivíduo representa sua cognição particular, seus conhecimentos, suas habilidades e todo o conjunto de crenças, valores, ideias, preconceitos, superstições etc. que ele detém. A linha que conecta os indivíduos entre si é a linguagem, a ferramenta biológico-social que nossa espécie desenvolveu para sobreviver em comunidade.

Essa comunidade, soma das cognições individuais que formam uma **cognição social**, é circundada pela fronteira de sua **cultura**, uma fronteira que, como se vê, não é rígida nem fechada, mas suficientemente flexível para permitir que seus membros recebam influências culturais de outras comunidades e que exerçam influência cultural sobre os membros de outras comunidades.

Muitos estudiosos contemporâneos nossos vêm investigando as profundas interações, inter-relações e interinfluências de **linguagem, cognição e cultura**, sobretudo na perspectiva da evolução conjunta (ou **coevolução**) dessas três poderosas ferramentas/habilidades humanas. A principal conclusão é a de que as mudanças que ocorrem nesses três campos são tão intimamente entrelaçadas que, na prática, é impossível estabelecer qualquer vínculo de causa e efeito entre elas, de maneira que a ideia de coevolução é a que melhor dá conta, até o momento, dessas transformações.

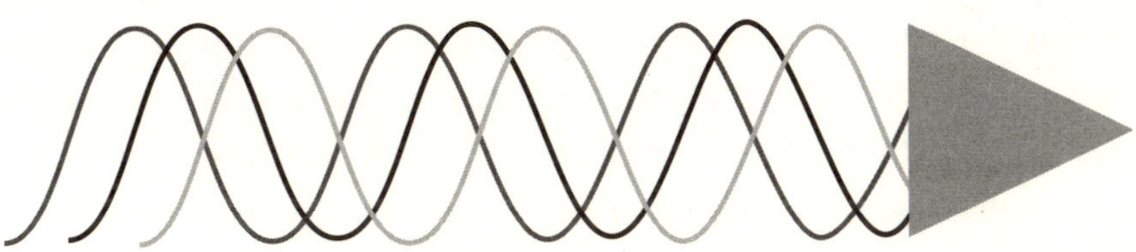

Figura 3: Coevolução de linguagem, cultura e cognição.

Se as coisas realmente são assim, **o estudo da linguagem não pode ser dissociado do estudo simultâneo dos fenômenos cognitivos e culturais**. As teorias sobre o funcionamento da linguagem humana que se concentravam exclusivamente no aspecto cognitivo (individual) ou no aspecto cultural (social) sempre acabaram topando em becos sem saída, exatamente porque não levaram em consideração o caráter indissociável de língua, processamento cognitivo e relações socioculturais. É essa a conclusão do linguista australiano **Nicholas Evans**, especialista das línguas de seu país e da Polinésia:

> Está cada vez mais claro que o que faz de nós seres humanos é nossa capacidade de construir e participar do mundo mental compartilhado, de coordenar nossa atenção e nossos objetivos e de nos sintonizar com quem sabe, sente e quer o quê. Foi essa intensa socialidade que deu propulsão ao poderoso salto que nos tirou da companhia de todas as outras espécies animais ao nos capacitar para construir esse mundo compartilhado em constante evolução que chamamos de cultura. Essa proeza reside numa capacidade de mantermos registros constantes sobre as consequências sociais e psicológicas do que acontece à nossa volta[4].

Essas noções também nos levam a revisar uma fórmula clássica em diversos campos dos estudos da linguagem: aquela que diz ser preciso estudar "a língua em contexto". Embora tenha sido importante durante muito tempo para contradizer os estudos linguísticos que queriam ver a língua apenas como um sistema abstrato, independente de seus usuários, ou seja, uma língua *descontextualizada*, agora chegou o momento de dizer, mais radicalmente, que **língua é contexto**. Se a língua está dentro de nós e se a língua é o ambiente social em que circulamos, não pode haver separação entre a linguagem e seu uso, entre quem fala e onde fala. No momento em que duas ou mais pessoas iniciam alguma troca verbal por meio da língua, todos os componentes individuais (psicológicos, cognitivos, biográficos etc.) e sociais (históricos, políticos, culturais, ecológicos, étnicos, religiosos etc.) são ativados para compor uma intrincada rede em que tais componentes se fundem e se confundem. Assim, quando a interação se dá em outro país que não aquele em que a língua é falada, o uso da língua comum obriga os participantes a se reconhecerem dentro de um contexto específico no qual, por exemplo, as formas de tratamento, os pronomes que as representam e as formas verbais

[4] Nicholas Evans, *Dying Words: Endangered Languages and What They Have to Tell Us*. Chichester: Wiley-Blackwell, 2010, p. 70.

decorrentes serão empregados segundo os padrões socioculturais nativos dos participantes, mesmo que, no lugar onde se encontram, as relações interpessoais se deem de outro modo (pense no uso do *you* indiferenciado em inglês e nas formas *você/tu/o senhor/a senhora* que precisam ser empregadas em português).

Em algumas línguas australianas, não se usa "acima", "abaixo", "à esquerda" e "à direita" e, sim, *norte, sul, leste* e *oeste*. Falar essas línguas, portanto, é representar o mundo de uma maneira muito diferente daquela como ele é representado em outras línguas, porque é preciso ter um conhecimento profundo, e inconsciente, dos pontos cardeais para se orientar na realidade. Em outras línguas, para usar o pronome pessoal adequado, é preciso conhecer todas as relações de parentesco existentes dentro da família e, às vezes, de uma comunidade inteira. Nós, em português, só temos *eu, tu, ele/ela, você, o/a senhor/a* e seus plurais, mas em kunwinjku, outra língua australiana, o sistema pronominal é bem mais complexo. Digamos que a avó Alice está falando com sua neta Joan sobre Mary, que é filha de Alice e mãe de Joan. Alice teria de se referir a Mary como *al-garrng* ("aquela que é minha filha e sua mãe, sendo você a filha de minha filha"), enquanto Joan se referiria a Mary como *al-doingu* ("aquela que é sua filha e minha mãe, sendo você a mãe de minha mãe).

Abrir a boca e começar a falar uma língua é, instantaneamente, criar um ambiente sociocultural e sociocognitivo moldado pelos falantes daquela língua. É criar um **contexto** de relações e interações. Ou seja: **língua é contexto**.

2.1. Um exemplo de língua-cognição-cultura em ação

Os processamentos sociocognitivos que fazem a língua ser o que é têm sido estudados e descritos por muitos pesquisadores mundo afora. Talvez o campo de investigação em que eles se mostram com mais nitidez seja o da **mudança linguística**. Vamos nos dedicar a ela na segunda parte deste livro. Entretanto, como aperitivo, e para que você entenda desde já como língua-cognição-cultura se entrelaçam, vamos dar um rápido exemplo:

A conjunção **mas** tem a mesma origem do advérbio **mais**: o advérbio latino *magis*, "mais; maior quantidade". Como foi que uma palavra que significava "maior quantidade", "acréscimo", "aumento" passou a significar também "contraposição", "diferença", "oposição" etc.? Usado inicialmente em construções *comparativas* de superioridade, **mais** passou a significar não só superioridade de *quantidade*, mas também de *qualidade*: se X é *mais* do que Y, então existe *diferença* entre X e Y e, por conseguinte, existe *oposição* entre X e Y. Por exemplo:

Gleydson é bonito, mas antipático.

Temos aqui duas declarações sobre Gleydson:

A + B = Gleydson é bonito **e** antipático.

Nessa adição, porém, os dois termos não têm o mesmo valor. De fato, o sentido mais remoto das construções adversativas foi a *comparação*, que poderia ser representada assim:

A < B = Gleydson é **mais** antipático do que bonito.

Temos, portanto, uma ideia A e uma ideia B, sendo que B é **mais** importante do que A: uma comparação de *superioridade*. No entanto, como já dissemos, se uma coisa é superior a outra é porque existe uma diferença, uma *oposição* entre elas, daí:

A ≠ B = Gleydson é bonito, **mas** antipático.

Assim, o que antes era um simples sinal de adição e, portanto, de inclusão, passou a designar um peso maior que fazia a balança pender **mais** para um lado do que para o outro; na etapa seguinte, o que temos é uma oposição entre dois termos:

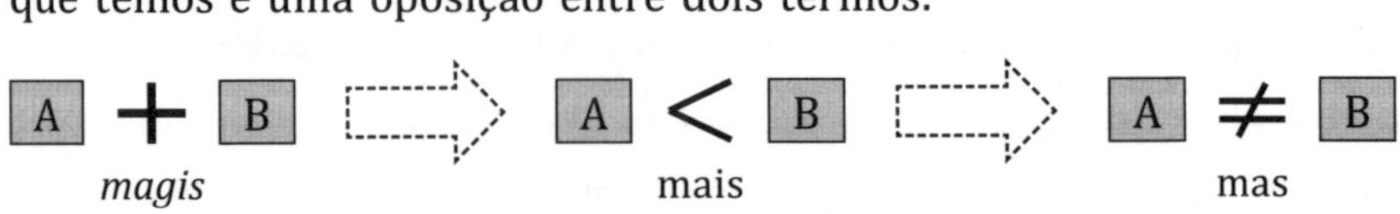

Nesse trajeto cognitivo (inclusão → diferença → oposição), entra em jogo também a **metáfora**, um dos nossos mecanismos mais potentes de reciclagem das informações que processamos em nossa mente. O processo metafórico sempre parte do mais concreto para o mais abstrato: assim, um termo que de início era empregado para expressar uma adição (*magis*, isto é, *mais*, no sentido matemático mesmo), uma soma de coisas concretas, vai sendo metaforizado, até se transformar numa oposição conceitual entre duas entidades abstratas (*beleza* e *antipatia*). A passagem também de *quantidade* (concreta) para *qualidade* (abstrata) resulta da metaforização. A diferença na escrita entre **mais** e **mas** é um mero capricho ortográfico, um artifício provavelmente criado para distinguir as duas palavras (um artifício que, como bem sabemos, nem sempre funciona, já que é muito comum as pessoas confundirem *mais* e *mas* na escrita, uma confusão que se deve, precisamente, à origem comum das duas palavras e ao resquício da noção de "adição" que sobrevive bem lá no fundo...). Por fim, vamos lembrar que esse processo também ocorreu em italiano (onde a conjunção é *ma*) e em francês (*mais*, pronunciado 'mé').

Por que dizemos que a conclusão desse percurso (*magis→mais→mas*) é um fenômeno **sociocognitivo**? Porque ele não foi inventado por nenhum indivíduo solitário, por nenhuma pessoa especialmente sabida que percebeu em *mais* um potencial de oposição, além da noção de soma que a palavra já tinha. Foram todos os falantes da língua que, num trabalho conjunto, portanto **social**, pondo em funcionamento coletivo os recursos de seus cérebros, recursos portanto **cognitivos**, enriqueceram a língua com uma nova palavra funcional, um trabalho tão bem-sucedido que, como sabemos, fez de **mas** um dos conectivos mais importantes da língua. E tudo isso contra o pano de fundo da **cultura**, cultura que é o ambiente físico e simbólico em que estamos mergulhados e que está mergulhado em nós!

3. O que é língua?

Uma das muitas afirmações importantes atribuídas ao linguista suíço **Ferdinand de Saussure** (1857-1913) é a de que "o ponto de vista cria o objeto". Por que é uma afirmação importante? Porque quando o **objeto** que vamos estudar é a **língua**, tudo se complica.

Já dissemos anteriormente que o linguista, ao contrário de seus colegas de outras áreas do saber, usa a língua como recurso para investigar e refletir sobre a própria língua, seu objeto. Como se isso não bastasse para dificultar nossa vida, ainda tem mais: a língua não é um objeto acessível, um objeto concreto como uma pedra, um bicho, uma substância, um osso etc. A língua, nas palavras do mesmo Saussure, é um **objeto escondido**. Nós só temos acesso, graças à audição, a uma série de ruídos que uma pessoa expele pela boca e que, por algum motivo, fazem sentido para outras pessoas que também emitem os mesmos sons ou sons parecidos e que reconhecem neles algum conteúdo informacional. Mas todo o processamento cerebral complexo que levou a pessoa a encadear aqueles sons específicos daquela maneira específica e, como se fosse pouco, a provocar em outras pessoas algum tipo de compreensão ou percepção do mundo e suas coisas... mistério.

O antropólogo canadense **Jean-Claude Corbeil** formulou esse mistério da seguinte maneira:

> A única coisa que é real é o comportamento linguístico do indivíduo, cuja única manifestação explícita, concreta, é a cadeia sonora produzida, portanto uma série de sons que se sucedem no tempo e formam grupos mais ou menos complexos separados por respirações, pausas, paradas, silêncios. Todo o resto, sobretudo o sentido e as regras que comandam a reunião dos elementos, é implícito, escondido na inteligência e na memória dos falantes, fora de alcance imediato tanto do ouvinte como do observador. Na linguística, o real é sempre

individual e sempre em situação, determinado por coordenadas temporais, espaciais e sociais. Dentro deste espírito, poderia se dizer que a língua não existe, mas que só existem indivíduos que falam[5]!

Retomando a afirmação de que *"o ponto de vista cria o objeto"*, não é exagero dizer que nessa única frase se resume toda a filosofia da ciência! Se o cientista tem na sua frente um objeto de estudo, o *ponto de vista* que ele assume vai marcar profundamente a análise, a descrição e a interpretação desse objeto. E a palavra de origem grega **teoria** significa precisamente "ponto de vista".

O caso da *língua*, como objeto de ciência, é um belíssimo exemplo. Se a linguista A. vê na língua um fenômeno social, cultural, político, a concepção de língua que ela vai produzir será marcada por essa perspectiva, por esse *ponto de vista*. Se o linguista B., por sua vez, considera que a língua é um dado biológico, que já vem embutido na nossa estrutura genética, é claro que seu conceito de língua será expresso de acordo com essa visão. Se a linguista C. prefere estudar a língua com base no estudo das realizações autênticas, do *uso* da língua, empiricamente coletáveis numa comunidade de falantes, sua teoria linguística vai ser muito diferente da do linguista D., que prefere conceber, com base nesses usos autênticos, um sistema abstrato, uma entidade teoricamente construída que ele vai chamar de língua. Qual dessas teorias é melhor, mais certa, mais satisfatória...? Todas, desde que cada uma delas seja um construto intelectual coerente, com princípios e postulados que não se contradigam e que, pelo contrário, sirvam de alicerce e argamassa para o edifício teórico.

São essas diferenças de *ponto de vista* que fazem nascer, em cada ciência, as distintas escolas de pensamento que se dedicam à investigação do objeto dessa ciência. No caso da linguística, por exemplo,

5. Jean-Claude Corbeil, Elementos de uma teoria da regulação linguística, in: M. Bagno (org.). *Norma linguística*. São Paulo: Edições Loyola, 2001, p. 177.

temos o estruturalismo, o gerativismo, o funcionalismo (em suas diversas correntes), a sociolinguística, a linguística antropológica, o sociointeracionismo, o sociocognitivismo, a análise do discurso e por aí vai, e vai longe. Afinal, a língua, como objeto de ciência, só pode ser apreendida pela nossa capacidade de teorização: ela é, repetimos, um *objeto escondido*. Por isso, entre as diferentes escolas teóricas, a definição de "língua" pode ser radicalmente diferente de uma para outra.

É por isso que, neste texto, o ponto de vista assumido é o de que, como já foi dito, **a língua é um fato/fenômeno de natureza sociocognitiva**, ou seja, ela existe no cérebro de cada indivíduo, mas também depende das interações sociais para ser ativada e permitir a integração desse indivíduo na herança cultural que é a dele. A partir dessa **teoria**, vamos propor a seguinte definição:

> Uma língua é um **conjunto** de representações simbólicas do mundo físico e do mundo mental que:
>
> (1) é **compartilhado** pelos membros de uma dada comunidade humana como **recurso comunicativo**;
>
> (2) serve para a **interação** e integração sociocultural dos membros dessa comunidade;
>
> (3) se organiza fonomorfossintaticamente (sons+palavras+frases) segundo **convenções** firmadas ao longo da história dessa comunidade;
>
> (4) **coevolui** com os desenvolvimentos cognitivos e os desenvolvimentos culturais dessa comunidade, sendo então sempre **variável e mutante**, um **processo** nunca acabado;
>
> (5) se manifesta concretamente por meio de um repertório limitado de **sons** emitidos pelo aparelho fonador de cada indivíduo.

Nessa definição, certamente provisória (como tudo na ciência, aliás), chamo a atenção, de novo, para a presença de termos que trazem o prefixo **con-/co-**: *conjunto, compartilhado, comunicativo, comunidade, convenções, coevolui*.

Outra palavra muito importante é **processo**: temos o hábito (cultural) de considerar a língua como um *produto*, uma coisa pronta e acabada, uma espécie de pacote que recebemos de empréstimo, com coisas que devemos usar sem estragar. Mas essa é uma visão enganosa: a língua não *é*, ela sempre *está*, está sempre em formação, em decomposição e recomposição, perde coisas com o tempo e ganha outras também, sempre ao sabor das transformações culturais e cognitivas de seus falantes. E cada um de nós tem todo o direito de usar e abusar da língua, que faz parte da nossa própria constituição biológica, é uma parte de nós, e não alguma coisa que está fora de nós e que, por isso, não nos pertence.

3.1. A língua como multissistema

Na nossa definição acima, dissemos que a língua é um *conjunto de representações simbólicas do mundo físico e do mundo mental*. Mas de que modo esse conjunto de representações simbólicas se constitui, se organiza, funciona e opera?

O linguista brasileiro **Ataliba T. de Castilho** propôs recentemente uma **teoria multissistêmica funcionalista-cognitivista**[6] para nosso entendimento do que é uma língua. E o esquema que ele sugere é o seguinte:

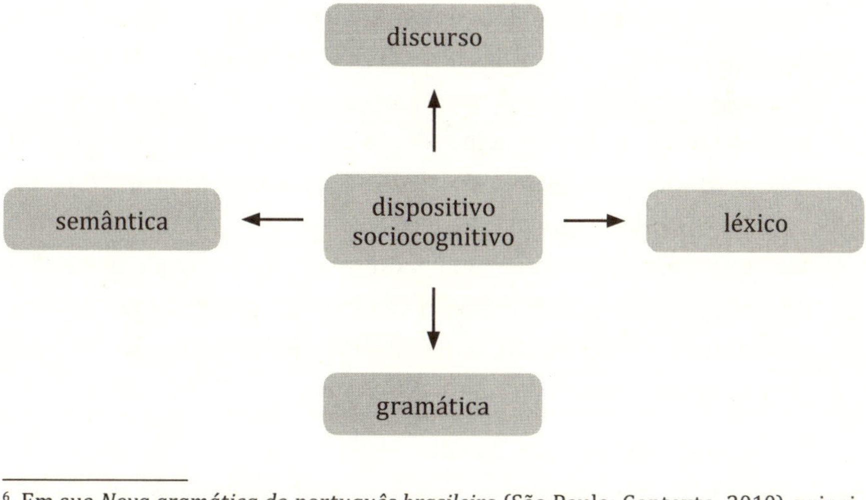

[6] Em sua *Nova gramática do português brasileiro* (São Paulo: Contexto, 2010), principalmente nas páginas 69-79.

Nessa concepção, a língua é um *multissistema* porque se subdivide em quatro sistemas independentes: o discurso, a gramática, o léxico e a semântica. Esses sistemas são acionados pelo nosso *dispositivo sociocognitivo*, que decorre da generalização das nossas estratégias conversacionais, pois é a con*versação*, a interação social por meio da língua falada, que molda e modela nossa capacidade de linguagem. Todo uso que fazemos dos nossos recursos linguísticos está sujeito aos processos de *discursivização, gramaticalização, lexicalização* e *semanticização*. E é sempre muito mais produtivo e esclarecedor examinar as propriedades desses recursos linguísticos, simultaneamente, sob a ótica desses quatro sistemas independentes. É precisamente assim que procede Castilho ao descrever o português brasileiro em sua gramática.

Para dar um exemplo mínimo, quando estudamos os **verbos**, em português, podemos distinguir neles as seguintes propriedades:

- **LEXICAIS:** um verbo é uma palavra que se caracteriza por trazer marcas morfológicas de *tempo, modo, número e pessoa*. Essa morfologia é exclusiva dessa classe de palavras. Por exemplo, em FAL-Á-SSE-MOS temos -SSE- (tempo e modo: *imperfeito do subjuntivo*) e -MOS (pessoa e número: *1ª do plural*), além, é claro, do radical FAL- mais a vogal temática -A-.
- **GRAMATICAIS:** os verbos ocupam lugares específicos na sintaxe, como núcleo de um sintagma verbal. O verbo é o centro do *predicado*, e em torno dele é que se organiza a frase ou sentença.
- **SEMÂNTICAS:** os verbos representam os estados de coisas (aquilo que pode ocorrer no mundo real ou mental), ou seja, as ações, estados e eventos que precisamos expressar ao falar ou escrever.
- **DISCURSIVAS:** um verbo é uma palavra que introduz participantes no texto, que os qualifica devidamente (pelo processo de predicação) e que concorre para a constituição dos gêneros discursivos, graças à alternância de tempos e modos.

Essas propriedades são básicas, mas não rígidas. Ao contrário, nosso poderoso *dispositivo sociocognitivo* atua o tempo todo, provocando, como já mencionei, os processos de *lexicalização, gramaticalização, semanticização* e *discursivização*. Por exemplo, um verbo pode se transformar num adjetivo (*"um vestido muito **cheguei**"*), o que é um processo lexical. Pode também ser usado como simples marcador conversacional, para ritmar a conversação (*"Eu ando muito cansado, **sabe?**"*), o que é um processo discursivo. Ele pode até perder seus sentidos primários e se transformar numa mera palavra funcional, como aconteceu com o verbo *haver*, que em sua origem significava "ter, possuir concretamente" e hoje só é usado com o sentido abstrato de "existir" ("Só *há* tamanduás no Brasil"), como uma partícula adverbial quando nos referimos ao passado ("*Há* cem anos estourou a I Guerra Mundial") ou um verbo auxiliar ("Já *havia* começado a chover quando Maria saiu"). Uma vez que não temos certeza do que vai acontecer no futuro, o tempo verbal chamado *futuro* é empregado com frequência para indicar exatamente a dúvida, a incerteza ("Por onde *andará* a tia Aurora?"), o que é um processo semântico.

São esses processos que, em marcha ininterrupta, disparados por nosso dispositivo sociocognitivo, fazem de qualquer língua humana um multissistema em perpétua transformação. Eles explicam por que as línguas mudam de maneira incessante, mas também — graças precisamente à sociocognição — por que elas mudam sem jamais perder sua capacidade de permitir a interação social e cultural dos membros de uma mesma comunidade linguística. A língua nunca deixa os falantes na mão. Toda descrição linguística (como a dos dicionários e das gramáticas) é sempre provisória, vale por algum tempo, mas logo tem de ser revisada e refeita para acompanhar os ininterruptos processos de mudança.

No ensino tradicional de língua, os exercícios mais comuns eram (ou são, porque, infelizmente, muita gente ainda hoje faz isso!) as conhecidas "análise morfológica" (dizer a que classe gramatical pertencem as palavras) e "análise sintática" (classificar os termos da oração de acordo com suas funções: *sujeito, predicado, objeto direto* etc.). Essas práticas, muito antigas, revelam um entendimento primitivo da língua apenas como *léxico* e *gramática*, ou seja, palavras e suas funções. Na proposta contemporânea de multissistemas, essas análises tradicionais são renovadas teoricamente e acopladas a outras análises, justamente a *semântica* e a *discursiva*, que permitem uma apreensão mais global dos fatos linguísticos.

Os estudos gramaticais convencionais também percebiam as propriedades semânticas e discursivas das formas linguísticas, mas não sabiam exatamente o que fazer com elas e acabaram realizando misturas pouco consistentes, incapazes de dar plenamente conta dos fatos de linguagem. Foram necessários mais de 2.500 anos para compreendermos que a linguagem é um fenômeno de ordem **sociocognitiva** e que é necessário estudá-la sob esse foco e não mais como uma mera lista de palavras que se organizam segundo regras fixas.

Retornando ao diagrama proposto por Castilho, convém lembrar que aqueles quatro sistemas, apesar de independentes, também interagem uns com os outros, graças precisamente ao **DSC** (dispositivo sociocognitivo) ou, melhor, *através dele*, pois é esse dispositivo que aciona e dispara nossas capacidades de apreensão do mundo e de representação dessa experiência em formas linguísticas. É o **DSC** que permite, por exemplo, como vimos, que um advérbio latino (*magis*) seja recategorizado como conjunção (*mas*), o que só é possível pelas conexões que este **DSC** favorece entre os diferentes sistemas, já que nessa transformação *magis* > *mas* entraram em ação processos não só lexicais e gramaticais, como também discursivos e semânticos.

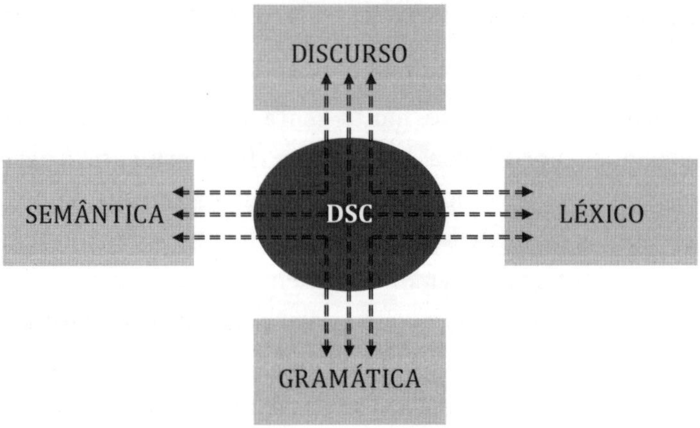

Por fim, é sempre importante enfatizar que esses processos todos ocorrem na *conversação*, nas *trocas linguísticas*, a atividade primeira, primária e primordial que exercemos com a linguagem em sociedade.

4. O senso comum sobre a língua

Como já vimos, a língua é um objeto de estudo científico, mas é também, e de um modo muito mais amplo, um **fenômeno sociocultural**, uma **instituição**, uma coisa sobre a qual toda e qualquer pessoa se acha no direito — legítimo — de falar, debater, discutir. A linguista britânica **Deborah Cameron** afirma que nós, seres humanos, não só falamos línguas como também **falamos sobre a língua que falamos**. Ela deu a esse fenômeno sociocultural o curioso nome de **higiene verbal**.

Em todos os campos do conhecimento, sempre tem existido um embate entre as ideias que recebem o rótulo de **científicas** e as ideias que pertencem ao que se chama de **senso comum**. Dizemos que um enunciado tem caráter científico quando ele é resultado de investigação empírica (isto é, com dados da realidade), feita segundo metodologias controladas, com levantamento de hipóteses, testagem dessas hipóteses, com confirmação ou negação de seus postulados e reelaboração posterior dos princípios hipotetizados. Por isso, o conhecimento assim obtido é sempre *provisório*, pode ser criticado, refeito, de modo a fazer avançar o estado do saber atual de determinada área de investigação. A história de qualquer ciência é a história de suas reformulações, do abandono de teorias e métodos por outras teorias e métodos, a história de seus avanços sucessivos. Justamente por tentar seguir princípios e métodos bem delineados é que os postulados científicos são, com frequência, **contraintuitivos**. Como assim?

A **intuição** é uma poderosa ferramenta cognitiva que nós temos, é a "faculdade de perceber, discernir ou pressentir coisas, independentemente de raciocínio ou de análise" (*Houaiss*). É uma estratégia de sobrevivência da espécie: intuir é pressentir, antever, com base na experiência vivida ou nas informações dadas por nossos sentidos. No entanto, como bem define o dicionário, é algo que fazemos "independentemente de raciocínio ou de análise". E é aí que a porca da ciência torce o rabo, porque o método científico só pode receber esse rótulo — **científico** — quando se vale precisamente do raciocínio e da análise!

Um exemplo famoso pode nos ajudar a entender tudo isso. Com base em sua intuição — na experiência acumulada ao longo de milênios pelos grupos sociais e comprovada individualmente pelos sentidos e pela percepção —, os seres humanos acreditaram durante eras a fio (e muitos ainda hoje acreditam!) que o mundo era plano e que o Sol girava em torno dele. É tão fácil "comprovar" isso: basta ficar num amplo campo aberto ou num deserto e acompanhar a trajetória do Sol ao longo do dia, de um horizonte ao outro. Ora, quando cientistas como **Copérnico** e, mais tarde, **Galileu** — graças ao raciocínio e à análise — começaram a afirmar que a Terra não é plana e que, muito pelo contrário, é ela que gira em torno do Sol, o escândalo foi geral, porque tais afirmações eram totalmente **contraintuitivas**, se chocavam frontalmente com as crenças mais difundidas da época, crenças inclusive oficializadas pela Igreja (que perseguia, torturava e queimava na fogueira quem se opusesse a elas).

A força das ideias preconcebidas e cristalizadas milenarmente é tão grande que, mesmo depois de aceitos amplamente os postulados científicos, conservamos, na linguagem, aquelas noções errôneas: até hoje, por exemplo, dizemos que o Sol "nasce" no leste e "se põe" no oeste, embora saibamos racionalmente que é o movimento de rotação da Terra que provoca o fenômeno de alternância do dia e da noite. Ideias assim são chamadas de **estereótipos**, de uma raiz grega — *stéreos* — que significa "sólido tridimensional". As ideias estereotipadas são as que se cristalizam, endurecem, ficam sólidas como rochas. E é preciso muita água mole, batendo durante muito e muito tempo, para furar essas pedras duras...

Crenças arraigadas ao longo do tempo, estereótipos, superstições, mitos e preconceitos formam um conjunto de ideias que recebem o nome coletivo de **senso comum**. O senso comum é essa nebulosa de opiniões que resistem durante muito tempo a todo tipo de reflexão crítica, de questionamento, porque, de tão impregnadas no imaginário coletivo, acabam sendo consideradas como "naturais", quando de fato são resultado de uma longa construção **cultural**. Felizmente, com o passar do tempo e o avanço do conhecimento, muitas dessas ideias vão se "desnaturalizando" e até mesmo sendo combatidas, sobretudo quando são prejudiciais ao bom convívio em sociedade, quando implicam opressão, desrespeito, discriminação. Hoje em dia, por exemplo, na maioria das sociedades democráticas, o racismo, o machismo, a intolerância religiosa, a homofobia, a violência sexual etc. são atitudes e comportamentos sociais condenados e até, com muita frequência, considerados como crimes passíveis de punição.

Sendo uma parte tão fundamental do nosso próprio ser individual e social, a linguagem não tinha como escapar das investidas do senso comum. E o **senso comum linguístico**, de um modo poderosíssimo, resiste bravamente às investidas das críticas e dos questionamentos que as ciências da linguagem fazem dele. Muitas ideias completamente falsas vigoram na maioria das sociedades humanas, sobretudo das sociedades letradas, a respeito da língua e das línguas. Vamos ver algumas delas:

- Na grande maioria dos países, as pessoas falam uma língua só: na França é o francês, na Itália é o italiano, no Japão é o japonês etc. Situações como as do Canadá, da Bélgica ou da Suíça são exceções.
- A ortografia é essencialmente baseada nos sons da língua e governada por regras claras e precisas.

- Se alguém quer realmente aprender uma língua estrangeira, digamos o espanhol, é muito melhor passar uns meses na Argentina ou no México do que frequentar durante anos uma escola de línguas.
- Algumas línguas são naturalmente mais difíceis de aprender do que outras.
- Algumas línguas são naturalmente mais primitivas, toscas e pobres do que outras.
- Os modos de falar revelam a inteligência das pessoas, de modo que quem fala tudo errado necessariamente é mais estúpido do que quem fala tudo certo.
- A capacidade de aprender uma língua estrangeira é um dom especial que algumas pessoas têm e outras não.
- Palavras que as pessoas usam e que não estão no dicionário simplesmente não existem.
- É mais fácil aprender chinês se você for descendente de chineses do que se for descendente de europeus, por exemplo.
- As línguas têm características especiais, personalidades próprias: o francês é romântico, o alemão é rude, o russo é sonhador, o espanhol tem sangue quente, o chinês é simples e direto, o japonês é misterioso, o grego é filosófico etc.
- Todo mundo tem sotaque, menos eu.
- O português é uma das línguas mais difíceis do mundo.
- As mulheres falam mais do que os homens.
- Quem não sabe ler nem escrever não pensa direito...

Por mais "naturais" que possam parecer, todas essas crenças são **infundadas**, são **erros grosseiros**, e têm sido desconstruídas, peça por peça, pelos linguistas, filósofos, antropólogos, sociólogos, psicólogos e outros cientistas desde, pelo menos, a segunda metade do século XIX. Elas continuam vivas, porém, no senso comum e muitas vezes até, infelizmente, onde deveriam ser denunciadas e combatidas: no ensino de língua materna e/ou de línguas estrangeiras. São tão absurdas, infundadas e irracionais quanto acreditar que os negros são menos inteligentes que os brancos, que os índios são preguiçosos por natureza, que as mulheres devem se sujeitar aos homens ou que os homossexuais são doentes ou pervertidos.

O princípio que guia a maioria das ideias sobre língua no senso comum é o do **erro**. Isso se deve a uma longuíssima tradição, iniciada no século III antes de Cristo, quando surgiu a disciplina chamada **gramática**, uma tentativa de criar um modelo ideal de língua, baseado nas escolhas dos grandes escritores do passado. Feitas essas escolhas, todos os demais usos, a começar pelos usos falados, receberam o rótulo de erro, de opções ilegítimas de falar e de escrever. A noção de **erro**, no entanto, tem de ser lançada na lata de lixo das ideias ruins por qualquer pessoa que queira se debruçar sobre qualquer área de conhecimento para investigar um fato-fenômeno natural ou social.

Imagine se **Charles Darwin**, ao visitar as ilhas Galápagos em 1835 e ao encontrar em cada uma das ilhas uma espécie diferente de tentilhão (um passarinho), cada qual com um formato de bico diferente, tivesse decidido que só uma delas era "certa" e que todas as outras, por serem "erradas", deviam ser eliminadas e destruídas. A fascinante teoria da evolução, que até hoje explica satisfatoriamente as transformações que ocorrem em todos os seres vivos, nunca teria sido formulada. Ora, bem na contramão disso, como cientista (um dos maiores de todos os tempos, aliás), ele procurou investigar por que um mesmo passarinho tinha assumido características distintas em cada ilha, qual era a explicação para aquela **variação** no espaço e para as **mudanças** ocorridas no tempo (dois conceitos — variação e mudança — importantíssimos também na linguística). Como bem sabemos, a conclusão de Darwin foi de que em cada nova variedade de tentilhão o bico correspondia ao tipo de alimento que o pássaro encontrou em cada uma das ilhas, que apresentam ambientes muito diversos entre si. Ocorreu, portanto, uma **adaptação**, fenômeno importantíssimo na biologia evolutiva.

Figura 4: As diferentes adaptações dos bicos dos tentilhões das ilhas Galápagos.

Ora, é assim que procede também uma cientista da linguagem: se descobre, por exemplo, que numa mesma sociedade, como a brasileira, existem pessoas que dizem *tu* FALOU, *tu* FALASTE e *tu* FALASSE para expressar a mesma ideia de uma ação transcorrida no passado, ela vai querer investigar as origens dessa variação e explicar cada uma dessas formas verbais por meio de hipóteses, que ela vai testar para ver se são válidas ou não. A ideia de que uma dessas formas é "certa" ou, pior, "bonita", e que as outras são "erradas" ou "feias" é descartada logo de saída como um falseamento das coisas pelas crenças equivocadas que vigoram no senso comum.

É esse senso comum que torna difícil, para quem está se iniciando nos estudos científicos da linguagem, a observação da própria língua e das línguas em geral como um **objeto de investigação**. Confundir o discurso científico com o discurso do senso comum é um risco ao qual estamos todos sujeitos, por causa da própria natureza do fenômeno da linguagem, profundamente entrelaçado na nossa humanidade, nas nossas práticas sociais, culturais, na nossa psicologia mais íntima, nas nossas crenças, atitudes, opções ideológicas e posturas diante dos fatos da vida em sociedade. Ao contrário da água e do azeite, que se juntam, mas não se misturam, essas duas ordens de discurso estão sempre prontas para se entrelaçar numa trama complicada, onde fica quase impossível distinguir onde começa um fio e onde termina outro.

Mas, atenção! Não estamos aqui recuperando o velho mito da "neutralidade científica", em que o cientista aparece como uma pessoa totalmente desvinculada da realidade comum, desprezando todas as ideias e crenças dos "leigos", vivendo isolado no seu pequeno mundo de investigações, cálculos, experimentos e descobertas, o estereótipo do "cientista maluco" (estereótipo racista e machista, diga-se de passagem, porque essa figura mítica é sempre homem e branco!). As mulheres e os homens que se dedicam à ciência vivem em sociedades complexas, participam da construção coletiva dessas sociedades, com seus valores, suas hierarquias, suas divisões de classe, suas diferenças de gênero, compartilham em maior ou menor grau os princípios da cultura e das subculturas em que estão imersos e por aí vai. A única coisa que os distingue dos demais membros da sociedade é uma opção profissional e consciente por determinados modos de observar e analisar os fatos-fenômenos do mundo que nos cerca. Opção consciente, sim, mas isso não quer dizer que, como qualquer ser humano normal, elas e eles estejam livres das investidas sorrateiras do inconsciente e do que possa haver de traços pouco nobres em suas personalidades. A antiga classificação do ser humano como "animal racional" caiu por terra há muito tempo, desde que **Sigmund Freud** deixou claro que quase tudo o que fazemos e dizemos é fruto do nosso inconsciente.

No entanto, mesmo com todos os obstáculos que enfrentamos na tarefa de observar a língua objetivamente, vale a pena tentar. Afinal, já diziam os gregos: *pathémata mathémata*, "os sofrimentos são ensinamentos", isto é, "a gente aprende com as dificuldades". E os romanos, que também gostavam de trocadilhos, diziam: *Per angusta ad augusta*, "pelos caminhos estreitos [se chega] ao cume", quer dizer, ao ápice, ao ponto mais alto, ao objetivo nobre, augusto. Também diziam, com o mesmo sentido: *Per aspera ad astra*, "pelas asperezas [do caminho a gente chega] aos astros", ou seja, à elevação do espírito. E a melhor maneira de percorrer as trilhas íngremes e ásperas sem tropeçar demais é olhar com muito cuidado para as pedras do caminho e aprender o máximo sobre elas. E é nisso que a ciência nos ajuda.

5. Quantas línguas?

Uma pergunta muito comum, motivada pela curiosidade das pessoas, é: "Quantas línguas são faladas no mundo?". O número que circula entre os estudiosos é **7.000**, mas, como diz o ditado, "sete é conta de mentiroso". Por quê? Porque é muito difícil estabelecer com precisão matemática a quantidade de línguas faladas no nosso planeta. A razão disso é que definir o que é **uma língua** não é tarefa das mais fáceis.

Anteriormente propusemos uma definição geral de **língua**, mas definir o que é **uma língua específica** e quantas delas existem mundo afora... é quase impossível. Os linguistas podem empregar seus critérios científicos para decidir onde começa uma língua e onde termina outra, mas não existe consenso na comunidade dos pesquisadores. Se nem mesmo os especialistas conseguem responder, quando saímos do restrito ambiente científico a coisa se torna ainda mais complicada.

O fato é que o rótulo de **língua** é aplicado segundo critérios que têm muito mais a ver com ideologias políticas, nacionalismos, tradições culturais, religião do que com elementos estruturais, gramaticais etc. Basta pensar, por exemplo, no debate que existe no Brasil desde a Independência sobre o português falado aqui: já podemos chamá-lo de "brasileiro"? Tem gente que defende que sim, outros que dizem que não, e assim vamos levando. No início de 1930, um projeto de lei quase foi aprovado no Congresso para que a língua majoritária dos brasileiros fosse chamada oficialmente de **brasileiro**, mas as perturbações sociais e políticas provocadas pelo golpe de Estado, que derrubou o presidente

Washington Luís e deu início à ditadura de Getúlio Vargas, fizeram a lei ser esquecida. Mas em outros lugares o nome da língua foi decidido por decreto e, mesmo que os linguistas se oponham, a voz deles representa muito pouco quando o assunto é política e nacionalismo.

Figura 5: Parece que algumas editoras europeias já não têm dúvida sobre o nome da nossa língua!

5.1. Os nomes das línguas

Existem muitas situações pelo mundo em que modos de falar parecidos recebem nomes diferentes por motivos exclusivamente políticos, socioculturais. É o caso do **servo-croata** que, para os linguistas, é um mesmo sistema linguístico, com a mesma pronúncia, mesma gramática e mesmo léxico, mas que, depois do desaparecimento da antiga Iugoslávia e de seu desmembramento em seis pequenos países, passou a receber nomes distintos para marcar a identidade das nações recém-surgidas: **sérvio**, **croata**, **bósnio** e **montenegrino**. O emprego de sistemas de escrita distintos para o sérvio (alfabeto cirílico) e para o croata (alfabeto latino), em correspondência com as divergências religiosas (sérvios cristãos ortodoxos e croatas católicos romanos), também colabora para reforçar simbolicamente a suposta diferença entre as línguas. Os bósnios empregam os dois alfabetos e são predominantemente muçulmanos. As outras duas línguas faladas na ex-Iugoslávia, o **eslovênio** e o **macedônio**, embora aparentadas ao servo-croata, sempre foram consideradas como sistemas linguísticos diferentes.

Uma das línguas mais importantes da Índia, o **híndi**, é em tudo semelhante à língua oficial do Paquistão, o **urdu**, mas a grande rivalidade entre os dois países — marcada principalmente pela diferença religiosa entre os paquistaneses, de maioria muçulmana, e os indianos, de maioria hindu, e responsável por guerras terríveis com milhões de mortos — sempre levou ao uso de nomes específicos em cada lugar.

Quando se tornou independente dos holandeses em 1949, a Indonésia se viu diante do problema de definir uma língua oficial. No maior arquipélago do mundo (mais de 17.500 ilhas, mais de 240 milhões de habitantes), a quantidade de línguas faladas era e é enorme (mais de 700). Para não gerar conflitos entre as muitas etnias da nova nação, decidiu-se que o **malaio** seria a língua oficial, porque sempre tinha sido empregado como **língua franca**, isto é, uma língua não materna usada para a intercomunicação entre diferentes povos. Batizado de **indonésio**, o malaio (que, com esse nome, é falado em países vizinhos, como a Malásia) se tornou a língua nacional do arquipélago.

Por outro lado, existem situações inversas: modos de falar muito diferentes que, sempre por razões políticas e socioculturais, recebem um mesmo nome. A língua que tradicionalmente chamamos de **árabe**

Figura 6: As livrarias francesas vendem manuais das diversas línguas "árabes".

é o melhor exemplo disso. Por razões de natureza religiosa, o que os falantes de "árabe" chamam de "árabe" é a língua na forma como ela se encontrava quando o profeta Maomé redigiu o livro sagrado do Islã, o Corão, no século VII. Essa língua, também chamada de "árabe clássico", é uma língua morta, não é falada por ninguém como idioma materno, está restrita à literatura religiosa. Nos diferentes países chamados "árabes", existem formas de falar tão diferentes entre si quanto, por exemplo, o português e o italiano, sem possibilidades de intercompreensão total entre seus falantes, e não poderia ser de outra maneira. É uma ilusão achar que num território imenso, que vai do extremo ocidental da África até a fronteira do Iraque com o Irã, passando por todo o Oriente Médio, se fala uma só e única "língua árabe". No entanto, essa ilusão ideológica é sustentada pela própria cultura "árabe" tradicional, já que na maioria dos 22 países "árabes" o sistema educacional se dedica exclusivamente ao ensino do "árabe clássico" e de sua forma modernizada, o "árabe padrão", enquanto que os chamados **dialetos** particulares falados nos diferentes países não recebem apoio institucional nem são valorizados, embora sejam as verdadeiras línguas maternas nacionais. É inconcebível que mais de 300 milhões de pessoas, distribuídas por um território tão dilatado, falem uma mesma e única língua "árabe".

Nessas situações, o termo **dialeto** aparece empregado sem nenhum rigor científico, mas sempre como um rótulo para designar alguma coisa "menor do que uma língua". Afinal, como teria dito o linguista **Max Weinreich**: "Uma língua é um dialeto com exército e marinha". Ou seja: são os poderes políticos que vão determinar se uma determinada maneira de falar é um "mero dialeto" ou uma "língua de verdade".

A Itália é a ilustração mais conhecida desse fenômeno. Depois da queda do Império Romano (oficialmente no ano de 476), o que hoje é a Itália se tornou um mosaico de Estados autônomos ou de pedaços de outros Estados. Somente no ano de 1861 (ou seja, catorze séculos depois!) ocorreu a unificação e surgiu o Estado-nação que hoje chamamos de República Italiana. Tal como no caso da Indonésia, o novo país se viu às voltas com o problema de decidir, entre as muitas línguas faladas em seu território, qual delas seria a oficial. Graças à longa tradição literária do **toscano**, essa variedade foi alçada à categoria de língua oficial e passou a se chamar **italiano**. Todas as demais línguas existentes no país, muito diferentes entre si e sem intercompreensão possível, passaram a ser designadas, um tanto depreciativamente, de "dialetos". Hoje em dia, no entanto, por força de movimentos políticos avançados, muitas pessoas já se referem às *línguas* faladas na Itália: **bergamasco, piemontês, sardo, napolitano, vêneto** etc.

O nome *português* só passou a ser aplicado à língua dos portugueses quando, no ano de 1297, o rei **D. Dinis** a tornou idioma oficial do reino e do governo. D. Dinis foi o sexto rei de Portugal, um Estado que se firmou como independente em 1179, ou seja, mais de cem anos antes. Até então, a língua falada pelo povo simplesmente não tinha nome definido, podia ser *vulgar* ou *romance*, ou mesmo *galego*. A língua usada na administração real era o latim. Como sempre, foi a partir de um gesto político, de uma decisão vinda do alto, que a língua ganhou, ao mesmo tempo, nome oficial e *status* oficial. No resto da Europa, a oficialização das línguas nacionais só começou bem mais tarde, a partir do século XV, o que mostra o pioneirismo de Portugal nesse processo.

Por todas essas razões é que, com muita frequência, os pesquisadores desconfiam do rótulo de *língua* aplicado a modos de falar que, analisados de perto, revelam ser, bem mais, variedades de um mesmo idioma. As três principais línguas faladas em Angola, por exemplo — **quimbundo**, **umbundo** e **quicongo** — parecem se enquadrar nessa situação, mas seus falantes afirmam sem hesitação expressarem-se em três línguas diferentes...

5.2. Línguas ameaçadas

Por isso, não tem outro remédio a não ser adotar um número convencional, mais ou menos aproximado da realidade — no caso, as 7.000 línguas já mencionadas. Infelizmente, o número de línguas faladas no mundo, seja ele qual for, está em sério risco de sofrer uma drástica redução até o final do século XXI. Os processos violentos de uniformização cultural por imposição dos países mais ricos sobre os mais pobres, a redução das comunicações internacionais a um número pequeno de línguas (com o **inglês** dominando de longe todas as demais), as guerras e os genocídios, a mal denominada globalização (que é mesmo uma estadunização do resto do mundo), entre tantos outros fatores, vêm provocando o desaparecimento rápido de muitos idiomas particulares. Na Europa, por exemplo, calcula-se um número de 250 línguas ameaçadas de extinção. No Brasil, as quase 190 línguas indígenas ainda faladas também correm o risco de desaparecer em breve: algumas não têm mais do que meia dúzia de falantes.

A morte das línguas é tão prejudicial à humanidade quanto a extinção de espécies animais e vegetais e a degradação do meio ambiente. Cada língua humana representa um modo muito particular de simbolizar o mundo, um experimento bem-sucedido de dar conta das tarefas cognitivas de um grupo social, um ambiente cultural específico para o desenvolvimento da vida de muitas e muitas pessoas, além de veículo de transmissão de saberes os mais variados, peculiares àquela comunidade. E muitos estudos comprovam a íntima relação entre **diversidade linguística** e **biodiversidade**.

Por causa desse risco iminente, a Unesco produziu o *Livro vermelho das línguas ameaçadas*, hoje substituído pelo *Atlas das línguas ameaçadas do mundo*[7], que pode ser consultado *on-line* e traz dados atualizados permanentemente. Os países que têm o maior número de línguas em risco de desaparecimento, segundo o *Atlas*, são:

País	Línguas ameaçadas
Índia	197
Brasil	190
China	144
Indonésia	143
México	143
Rússia	131
Austrália	108
Papua-Nova Guiné	98

5.3. Línguas mais faladas

Outra pergunta frequente é: "Quais as línguas mais faladas no mundo?" De novo, os números apresentam uma grande flutuação. Afinal, como já sabemos, é difícil decidir onde termina uma língua e começa outra. Além disso, é sempre complicado delimitar o número

[7] Ver <http://www.unesco.org/culture/languages-atlas/index.php> (página em espanhol); acesso: 05 maio 2018.

de usuários de uma língua como **primeira língua** (L1) ou como **segunda língua** (L2). O inglês, por exemplo, é a L1 da população de diversos países, com centenas de milhões de falantes, mas também é a L2 mais empregada hoje em dia no mundo inteiro, de modo que o número total de usuários do inglês é, na prática, incalculável. Por outro lado, são muitos os países que têm o inglês como **língua oficial** — língua da administração pública, da educação formal, dos meios de comunicação etc. —, mesmo não sendo a língua mais empregada no território. É o caso das ex-colônias britânicas na África que, após a independência, optaram pela língua do antigo colonizador para evitar criar conflitos étnicos com a escolha de um idioma em detrimento dos outros. Na **Nigéria**, por exemplo (196 milhões de habitantes), existem 521 línguas catalogadas, mas é o inglês que funciona como língua oficial, na tentativa de permitir uma comunicação mais ampla entre tantas etnias distintas. A mesma situação se encontra nas ex-colônias portuguesas, francesas e belgas no continente africano.

De acordo com a página *Ethnologue: Languages of the World*, uma referência muito citada quando o assunto são estatísticas desse tipo, as línguas mais faladas no mundo como **primeira língua** seriam as seguintes:

	Língua	Países	Falantes*
1	Chinês	38	1.299
2	Espanhol	31	442
3	Inglês	118	378
4	Árabe	58	315
5	Híndi	4	260
6	Bengali	4	243
7	Português	14	223
8	Russo	18	154
9	Japonês	2	128
10	Lahnda	6	119

* Em milhões
Fonte: <http://www.ethnologue.com/statistics/size>; acesso: 05 maio 2018.

Essa tabela, no entanto, como não poderia deixar de ser, apresenta problemas. O rótulo de **chinês**, por exemplo, é aplicado a uma multiplicidade de línguas e dialetos, frequentemente sem intercompreensão mútua. Existe uma língua oficial, tradicionalmente chamada **mandarim** (**pǔtōnghuà** em "chinês"), usada pela grande maioria da população chinesa, mas não por todos os chineses como língua primeira.

O híndi, por outro lado, aparece sozinho, como uma língua específica, sem se levar em conta o urdu que, como já discutimos, é de fato idêntico ao híndi. Os falantes de urdu como primeira língua somam, segundo o *Ethnologue*, mais de 69,2 milhões, o que alteraria bastante a estatística. O caso do árabe também é peculiar: a tabela exibida no *site* apresenta um número total de falantes de "árabe", mas ao mesmo tempo subdivide essa "língua" em 20 variedades regionais (marroquino, líbio, tunisiano, egípcio etc.) que são, como já dissemos, sistemas linguísticos que não permitem a intercompreensão total entre seus falantes.

Quanto ao **português**, a primeira observação é: por que o *Ethnologue* subdivide o árabe e o chinês, mas não faz a mesma coisa com o português (e com o espanhol, o francês e o inglês)? Parece predominar ali uma visão conservadora, tipicamente ocidental, de que as línguas europeias, mesmo depois de levadas para os quatro cantos do planeta, mesmo depois de mais de meio milênio de expansão e de intenso contato com outros idiomas, essas línguas permanecem homogêneas, sem grande variação.

Ora, nós, brasileiros, sabemos muito bem as dificuldades que temos para entender completamente o que dizem os portugueses, sobretudo em situações de fala espontânea e, mais ainda, se forem pessoas da zona rural, com seus dialetos muito peculiares. Não admira que os filmes portugueses, quando passados no Brasil, já venham com legendas. Prosseguindo, o mesmo *site* lista quinze países onde o português seria falado como primeira língua: além dos países independentes que têm o português como língua oficial (Angola, Brasil, Cabo

Verde, Guiné-Bissau, Moçambique, São Tomé e Príncipe, Timor-Leste) e de Macau (cidade chinesa, ex-colônia portuguesa devolvida à China em 1999 e onde o português já desapareceu na prática), aparecem a França (!) e a Índia. Ora, na Índia o que, de fato, existe são **crioulos**[8] de base portuguesa, ainda assim muitíssimo pouco usados, com probabilidade de extinção em breve, quando a última geração de falantes deixar de existir. Finalmente passou a registrar o caso do Uruguai, que tem uma parcela de sua população cuja primeira língua há muitas gerações é o **português uruguaio**, já devidamente reconhecido e estudado pelos linguistas uruguaios. Por fim, o grande problema é que o português (se for mesmo uma língua só) é realmente a língua majoritária da população somente no Brasil e em Portugal. Em todos os demais países, mesmo aqueles em que a língua tem o *status* de oficial, o português é minoritário, aprendido formalmente na escola, enquanto as verdadeiras línguas nacionais são outras. Algumas estatísticas informam, por exemplo, que somente 3% dos moçambicanos têm o português como primeira língua.

Tudo isso para concluir com o que já dissemos: é muito difícil estabelecer estatísticas confiáveis quando o assunto é língua.

5.4. O multilinguismo é a regra

Uma coisa importante é reconhecer, desde logo, que o velho refrão *"um povo, uma nação, uma língua"* é uma ilusão ideológica. A ideia de que "na França se fala francês; na Itália, italiano; na Turquia, turco; na China, chinês; na Coreia, coreano etc.", com um vínculo simbólico muito forte entre o nome do país e o nome da língua, não tem correspondência na realidade dos fatos. As situações de **multilinguismo** é que são a regra mundo afora. E como multiplicidade linguística equivale a **multiplicidade étnica e cultural**, são frequentíssimos os

[8] Crioulo: "Cada uma das línguas mistas nascidas do contato de um idioma europeu com línguas nativas, ou importadas, e que se tornaram línguas maternas de certas comunidades socioculturais" (*Dicionário Houaiss*).

casos de **conflito linguístico**, isto é, de disputas — muitas vezes com guerras, perseguições e massacres — entre os falantes das diferentes línguas existentes num mesmo território. A ânsia de determinado grupo social (religioso ou étnico, por exemplo) de conquistar a **hegemonia** política, cultural, religiosa e linguística de um país é o que leva a essas situações conflituosas.

Sociedades monolíngues praticamente não existem, até porque, dentro de uma mesma língua, existem diferentes variedades regionais e sociais, e uma delas acaba sendo transformada em **norma** para a totalidade dos falantes, gerando inevitáveis distâncias culturais entre os que empregam uma variedade mais próxima da norma e os que empregam variedades muito afastadas dela. O Brasil, como sabemos, é um caso exemplar a esse respeito, mas está longe de ser uma exceção.

O multilinguismo é bastante previsível em países muito extensos e com grande população, como a China, a Índia, a Rússia, a Indonésia, a Nigéria etc. Mas também se verifica em pequenas nações, como Portugal (onde o português, com variedades bem marcadas regionalmente, convive, por exemplo, com o **mirandês**, cooficializado na década de 1990), Luxemburgo (um país com metade da área do nosso Distrito Federal, mas que tem três línguas oficiais: o francês, o alemão e o **luxemburguês**, variedade de alemão), Uruguai (espanhol e português), Bélgica (francês, **neerlandês** e alemão), para não mencionar o caso clássico da Suíça (francês, alemão, italiano e **romanche**). E nunca é demais lembrar que o Brasil, com suas 190 línguas indígenas, mais umas duas dezenas de línguas de imigração (alemão, italiano, japonês, árabe libanês etc.), está entre as nações com a maior diversidade linguística do mundo.

De fato, além das línguas que tradicionalmente têm sido faladas dentro das fronteiras de cada país, existem também, e com cada vez mais frequência e mais intensidade, as **línguas de imigração**, levadas para os mais diferentes lugares pelos grandes movimentos populacionais que o mundo sempre presenciou e presencia em nossa época de forma muitas vezes dramática, quando não trágica[9]. Isso explica, por exemplo, por que, no território da França, as muitas variedades de árabe formam o segundo conjunto de línguas mais faladas do país, depois do francês. Nos Estados Unidos, a intensa imigração proveniente do México, de Porto Rico e de outros países latino-americanos está fazendo do **espanhol** uma língua com presença cultural e política cada vez mais forte naquele país: segundo o recém-fundado Observatório da Língua Espanhola e das Culturas Hispânicas nos Estados Unidos[10], sediado na Universidade Harvard, o número de falantes do espanhol em território estadunidense poderá ultrapassar, em 2050, o da população total do México, que é hoje o maior país de língua espanhola (132 milhões de habitantes).

Essas situações levaram, por exemplo, à publicação, em 1996, na cidade de Barcelona (Espanha), da *Declaração Universal dos Direitos Linguísticos*[11], um conjunto de princípios norteadores para uma convivência pacífica e harmoniosa entre os povos e suas línguas. O primeiro esboço dessa declaração foi iniciativa do linguista pernambucano **Francisco Gomes de Matos**, numa reunião internacional ocorrida no Recife em 1984. Esse documento é importante porque chama a atenção para as constantes situações de perseguição de grupos étnicos por causa de sua língua, de proibição sistemática de uso de línguas minoritárias etc. Nas sociedades mais democráticas, surgiram, sobretudo a partir da segunda metade do século XX, **políticas linguísticas** de valorização, proteção e estímulo ao uso de línguas não oficiais, minoritárias, de imigração etc.

---

[9] Enquanto escrevo essas linhas, em outubro de 2013, o mundo está chocado com a tragédia de um barco de imigrantes africanos que naufragou a pouca distância do porto da ilha italiana de Lampedusa, provocando a morte de mais de 400 pessoas, que buscavam vida melhor em terras europeias.

[10] Disponível em: <http://elobservador.com.uy/noticia/263109/un-observatorio-para-la-lengua-espanola/>; acesso: 02 set. 2014.

[11] Disponível em: <http://www.dhnet.org.br/direitos/deconu/a_pdf/dec_universal_direitos_linguisticos.pdf>; acesso: 02 set. 2014).

6. Não existem "línguas primitivas"

O final do século XIX foi marcado por uma política extremamente agressiva das potências coloniais europeias. Depois das independências dos Estados Unidos em 1776 e dos países latino-americanos na primeira metade do século XIX, as potências europeias, para recuperar as riquezas perdidas, se lançaram numa empreitada que passou à história com o nome de *Partilha da África* ou *Corrida pela África*. Até então, a exploração do continente africano, de seu povo e de suas riquezas era feita de modo mais ou menos "informal", levado a cabo sobretudo por comerciantes, traficantes, contrabandistas etc. Essa exploração se limitava, em grande parte, às regiões mais próximas da costa. Mas a cobiça das grandes potências logo voltou seus olhos e suas garras para o interior do continente, pouco conhecido e, sem dúvida, cheio de mais riquezas para arrancar.

A partir de 1880, portanto, os governos europeus se engajaram, de forma institucionalizada e explícita, na disputa pelo continente. Em novembro de 1884 se realizou a Conferência de Berlim, que reuniu as potências coloniais da época, incluindo os Estados Unidos, para realizar a partilha da África. Assim, Inglaterra, França, Portugal, Espanha, Itália, Alemanha e Bélgica ocuparam imensas áreas da África, delimitando fronteiras, criando instituições oficiais, enviando exércitos, missionários religiosos, comerciantes, professores, médicos, abrindo hospitais, escolas, quartéis etc.

Em toda a África, somente dois países se mantiveram independentes: a Libéria e a Abissínia (atual Etiópia). A Libéria tinha sido criada em 1847 por ex-escravos que aceitaram a proposta de grupos e instituições estadunidenses de serem "devolvidos" à África, onde poderiam viver mais "livremente" e mais "integrados" à cultura "original" do que nos Estados Unidos, país em que jamais poderiam (e até hoje praticamente não podem) se integrar à sociedade dominante branca. Daí o nome *Libéria*, derivado do latim *liber*, 'livre'. Na realidade, a criação da Libéria era só o primeiro empreendimento da

ACS (American Colonization Society — Sociedade Colonial Americana), que pretendia adquirir, como as demais potências, áreas coloniais na África. No entanto, esse empreendimento não teve sucesso.

A Abissínia, por seu lado, era um império muito antigo e, principalmente, era (e é) o único país africano em que o cristianismo se impôs muito cedo, fazendo surgir a Igreja Copta. A dinastia etíope remontava ao século II a.C. (e só foi deposta em 1974) e a cristianização do país se iniciou em 316 d.C. Além disso, não apresentava nenhum tipo especial de riqueza natural que merecesse a avidez das potências europeias. Mesmo assim, os etíopes tiveram de lutar contra o projeto italiano de transformar seu país num "protetorado" da Itália. Em 1896, a Etiópia reafirmou sua independência diante das potências coloniais. Isso, porém, não impediu que o insano Mussollini, em 1935, tentasse novamente conquistar o país, mais uma vez sem sucesso.

A Partilha da África (e também do Oriente Médio) fica evidente quando observamos o traçado das fronteiras dos países que surgiram após os movimentos de independência do continente. Em muitos deles, as fronteiras são linhas retas, como se tivessem sido traçadas com réguas e esquadros. Na verdade, elas *foram mesmo* traçadas com réguas e esquadros — diante da possibilidade de eclodirem guerras entre as potências coloniais pela disputa daquelas áreas, elas se reuniram e fizeram acordos sobre quem ficaria com o quê. Procure ver, por exemplo, os mapas de países como Mauritânia, Argélia, Líbia, Egito, Mali, Iraque, Jordânia, Síria, Kuwait... Todos têm linhas retas, quando não são inteiramente compostos de linhas retas, ao contrário de outras nações, cujas fronteiras foram historicamente traçadas por desdobramentos políticos internos e externos e/ou por grandes acidentes naturais (rios, montanhas, mares etc.). As consequências dessa partilha autoritária e arbitrária se verificam até hoje no continente africano. Povos da mesma língua e cultura ficaram divididos entre dois ou mais países, enquanto populações tradicionalmente rivais foram obrigadas a conviver num mesmo Estado, o que vêm gerando sempre muitas tensões e guerras.

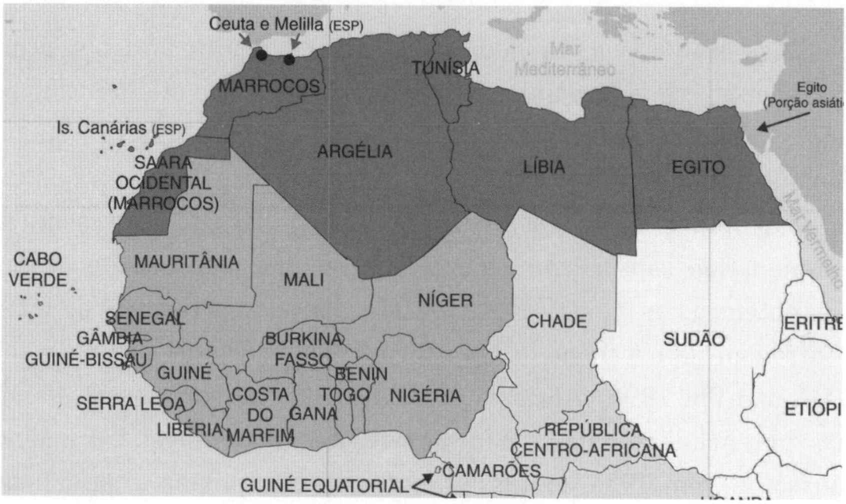

Figura 7: Mapa do norte da África.

Observe as linhas retas que formam os mapas de muitos países. Essas fronteiras foram delimitadas artificialmente pelas potências coloniais, sem levar em conta os interesses das populações implicadas. Isso tem gerado inúmeras guerras e conflitos sangrentos no continente desde o início do processo de independência, nos anos 1950-1960.

6.1. A ciência racista

A conquista da África foi, evidentemente, um banho de sangue. Com a Revolução Industrial, os europeus tinham desenvolvido uma indústria armamentista poderosa, moderna e eficiente, contra a qual as armas tradicionais dos povos africanos não puderam oferecer resistência. Para mencionar apenas um dos incontáveis horrores cometidos pelos europeus nesse período — período em que continuava a exploração de seres humanos como escravos, iniciada no século XVI pelos portugueses —, podemos citar as exibições de seres humanos como atrações de circos e zoológicos.

Nesse período (até os anos 1930) ocorreram as "exposições coloniais", em que indivíduos trazidos da África, do Ártico e da Polinésia eram exibidos como atrações exóticas em "zoológicos humanos" de diversas cidades europeias e estadunidenses. Samoanos, tuaregues, núbios, pigmeus, hotentotes, malgaxes, inuits ("esquimós") eram mantidos em jardins botânicos e jardins zoológicos, muitas vezes em jaulas na mesma seção de macacos e outros animais selvagens.

Figura 8: Cartazes anunciam os zoológicos humanos.

Essas exposições tinham, ao lado de sua função de propaganda junto às populações dos países europeus, um amplo apoio "científico".

No século XIX, o racismo ganhou ares de "ciência" com o desenvolvimento da *eugenia*, uma teoria pseudocientífica que tentava mostrar a superioridade da "raça" branca sobre as demais "raças" humanas — e até mesmo dentro da "raça" branca havia uma hierarquia de superioridade: os nórdicos acima dos latinos e outros povos mediterrâneos, por exemplo.

Entre os cientistas e pensadores que defenderam a *eugenia* se destacam o francês Arthur de Gobineau (1816-1882), que esteve no Brasil e ficou horrorizado com a nossa "mistura de raças", e o zoólogo e geólogo suíço Louis Agassiz (1807-1873), que também veio fazer pesquisas no Brasil e escreveu:

> Aqueles que põem em dúvida os efeitos perniciosos da mistura de raças e são levados, por falsa filantropia, a romper todas as barreiras colocadas entre elas deveriam vir ao Brasil.

Com base nos princípios eugenistas, a colonização se justificava plenamente: era preciso levar a "civilização" aos povos "selvagens", fazê-los abandonar seus costumes "bárbaros", impor a eles a religião cristã de modo que deixassem de adorar seus "ídolos" e "demônios" e de praticar "feitiços" e "magia negra". Também era preciso impor a eles as "línguas civilizadas" para que deixassem de falar por meio de grunhidos e urros. Essa ideologia se impregnou profundamente na mentalidade europeia da época, fazendo muita gente bem-intencionada acreditar na necessidade de "civilizar" os outros povos e até mesmo levando muitos a se engajar nessa empresa (missionários religiosos, médicos, professores etc.).

6.2. A pseudociência das línguas "primitivas"

Nesse grande projeto ideológico colonialista, a ciência linguística da época deu sua contribuição, alegando a existência de "línguas primitivas". O caráter primitivo dessas línguas era considerado óbvio e natural: como é que povos atrasados, inferiores, intelectualmente retardados, selvagens etc. poderiam falar, a não ser por meio de grunhidos, rangidos, frases toscas, vocabulário pobre etc.? A própria noção de língua era negada a esses modos de falar que recebiam, quando muito, o rótulo pejorativo de "dialetos".

Com o avanço das ideias progressistas, com as revoluções sociais e políticas ocorridas desde aquela época até hoje, com a democratização das sociedades europeias e americanas, com a conquista e ampliação dos direitos humanos, o racismo "científico" foi denunciado e demolido pelas versões contemporâneas da linguística, da sociologia, da antropologia, da psicologia e outras ciências. Infelizmente, porém, o efeito da propaganda colonialista persistiu e persiste, muito arraigado nas culturas populares e até mesmo entre pessoas que se acham muito cultas.

O que caracterizaria uma língua "primitiva"? Seria a pobreza na gramática, nos recursos sintáticos do idioma? Uma comparação rápida entre o latim clássico e o latim vulgar e, mais adiante, entre o latim vulgar e as línguas românicas mostra as inúmeras "perdas" que ocorreram no processo. No entanto, é claro que também ocorreram muitos "ganhos", porque afinal toda língua humana tem que dar conta de expressar uma série de categorias sociocognitivas sem as quais o conhecimento e a comunicação seriam impossíveis (tempo, lugar, espaço, pessoa, objeto, visão, movimento, evento etc.). No entanto, pelos princípios da mudança linguística, essas categorias passam a ser expressas de outras maneiras. Se as línguas românicas abandonaram as declinações do latim, as funções sintáticas passaram a ser exercidas pela ordem dos termos na oração e pelo uso das preposições. O latim não apresentava artigos nem pronomes de não-pessoa (a chamada "3ª pessoa" verbal), lacunas que foram supridas em todas as línguas românicas.

Se existissem línguas "primitivas" também poderíamos falar de línguas "desenvolvidas". O que caracterizaria essas línguas? Difícil (impossível) responder. Se o paralelo for feito entre desenvolvimento tecnológico e "desenvolvimento" linguístico — como muita gente, equivocadamente, faz — poderíamos dizer que as línguas mais "desenvolvidas" seriam as línguas faladas pelos povos mais desenvolvidos do ponto de vista científico, tecnológico, econômico etc. Ora, qual é a língua dos dias de hoje que corresponde melhor a essa definição senão o inglês?

O inglês, no entanto, é uma língua extremamente simples, do ponto de vista morfossintático. Observe, por exemplo, quantas traduções possíveis existem, em português, para uma única forma verbal inglesa:

YOU COULD	você	pôde	vocês	puderam
		podia		podiam
		poderia		poderiam
		pudesse		pudessem
		puder		puderem

O inglês não tem, como as demais línguas indo-europeias, marcas de *gênero* para os substantivos e adjetivos — por seu turno, as línguas do grupo germânico, de onde provém o inglês, classificam suas palavras em *masculinas, femininas* e *neutras*. Os determinantes em inglês, ao contrário do que acontece em tantas outras línguas, não trazem marcas de *gênero* nem de *número*: *the* ('o, a, os, as'), *my* ('meu, minha, meus, minhas'), *all* ('todo, toda, todos, todas, tudo') etc. Já em alemão, os artigos definidos assumem diversas formas, a depender do gênero, do número e do *caso sintático* do termo determinado: *der, die, das, den, dem, des* etc.

Ao longo do tempo, portanto, o inglês sofreu drásticas simplificações morfossintáticas — a morfologia verbal, simplíssima, é o melhor exemplo disso: enquanto, para aprender bem o português, um estrangeiro precisa conhecer mais de dez tempos verbais com suas respectivas desinências, mais as marcas de pessoa e número, mais o particípio passado (que tem marcas de pessoa e número) — e isso só para os verbos regulares, que não trazem mudança de vogal no radical nem mudança de radical —, para aprender o verbo inglês basta aprender o infinitivo e o particípio passado e saber que a não-pessoa do singular ganha um *-s*: *love, loved, loves*. Será que o inglês é uma língua pobre, primitiva?

Bobagem. Tudo o que os falantes do antigo anglo-saxão (o antepassado remoto do inglês) conseguiam expressar com suas morfologias verbais e nominais complexas, os falantes contemporâneos de inglês também conseguem, e até mais, porque o mundo se transformou radicalmente nesses últimos 1.500 anos, de modo que foi preciso criar um vastíssimo vocabulário e uma ampla rede de relações lexicogramaticais para dar conta de expressar o mundo moderno.

Por outro lado, quando examinamos uma língua falada por uma população tradicional, que se mantém vinculada a seu território de origem e à sua cultura ancestral, ficamos surpresos com a extrema *complexidade* que muitas delas apresentam. A língua **tuiúca**, por exemplo, falada no extremo norte do Brasil e na Colômbia, tem toda uma morfologia própria para expressar, no verbo, a origem da informação que está sendo transmitida (uma conjugação epistêmica, por assim dizer):

Tuiúca	Português
diiga apé-wi	Ele jogou: eu vi
diiga apé-ti	Ele jogou: eu ouvi
diiga apé-yi	Ele jogou: tenho indícios disso (por exemplo, as marcas de chuteiras no campo)
diiga apé-'yigi	Ele jogou: me disseram
diiga apé-hiyi	Ele jogou: pode se supor (por exemplo, porque ele tem o hábito de jogar na sexta-feira e hoje é sexta-feira)

Nenhuma língua europeia apresenta morfologia semelhante.

Um exemplo final nos vem da Austrália. No **dalabon**, uma das centenas de línguas faladas pela população aborígine australiana, é possível condensar tantas informações numa única palavra que para traduzi-la precisamos de um texto completo em português (ou qualquer outra língua europeia):

Wekemarnúmolkkúndokan:

> Desconfio que eles dois, que são de gerações de número ímpar um com relação ao outro, tenham que ir, com as consequências para alguma outra pessoa, e sem uma pessoa-chave sabendo sobre isso; ao escolher a forma de palavras que escolho, indico aqui que um desses que estão desempenhando a ação é minha sogra/madrasta ou um parente equivalentemente respeitado.

O linguista australiano Nicholas Evans explica como se forma uma palavra como essa:

> Primeiro, começa-se com o significado básico, "ir". Em dalabon, é normalmente *bon* — mas quando se fala da própria sogra ou de parentes a quem se dedica também um elevado respeito, é preciso usar uma forma polida da palavra, *dokan*. Assim, a primeira tarefa é verificar a relação de parentesco que se tem com a pessoa de quem se vai falar.
>
> Em seguida, coloca-se o prefixo *molkkún-* ("à revelia de")[...] neste contexto, ele denotaria que a ação está sendo desempenhada sub-repticiamente, sem deixar saber quem deveria saber a respeito. Assim, é preciso saber não só o que as duas pessoas estão fazendo, mas se elas estão mantendo as pessoas certas informadas a respeito disso. Em seguida, acrescenta-se *marnú-*, que significa "para o benefício de alguém/em detrimento de alguém" ou "em nome de alguém" — representando o evento como tendo algum efeito, positivo ou negativo, conforme o contexto, para um terceiro.
>
> Depois, é preciso especificar se duas ou mais do que duas pessoas estão indo e, se forem só duas, que relação de parentesco existe entre elas. A palavra que apresentei poderia ser apropriada para falar de uma dupla mãe-filha ou tio-sobrinho, por exemplo, mas para falar de duas irmãs ou de um par avó-neta seria preciso substituir *ke-* por *barra-*. Finalmente, acrescenta-se

o prefixo "apreensivo" *ke-*, para retratar a situação como indesejável. Traduzi o prefixo com "desconfio que... tenham que". Mas em outro contexto, como aconselhando uma pessoa mais competente a garantir que as duas não vão, ou que elas deixem a pessoa certa saber que estão indo, uma tradução melhor seria "de modo que elas não acabem indo".

Se essa é uma língua "primitiva", confesso que tenho medo de estudar uma língua "avançada"... Mas é um medo infundado, porque não existem línguas primitivas nem línguas avançadas! Toda língua preenche mais do que satisfatoriamente todas as necessidades de interação social da comunidade que a emprega.

Quando os primeiros linguistas ocidentais chegaram à ilha da **Nova Guiné**, logo acima da Austrália, fizeram uma descoberta surpreendente: a ilha era o lugar com a maior diversidade linguística do mundo — mais de 800 línguas divididas em aproximadamente 16 famílias distintas. Por causa das montanhas extremamente altas da ilha, as populações foram se isolando ao longo dos milênios e desenvolvendo suas próprias línguas. Outra coisa que chamou a atenção dos ocidentais era o estágio de civilização extremamente recuado da grande maioria daquelas populações, algumas das quais vivendo praticamente na Idade da Pedra ainda no século XIX. Ora, essas mesmas populações que levavam uma vida ainda próxima da pré-história falavam línguas extremamente complexas do ponto de vista morfossintático. Como era possível?

A resposta é muito simples: *não podemos confundir desenvolvimento tecnológico com desenvolvimento linguístico*. Os seres humanos — seja qual for o estágio de sua cultura — pertencem todos a uma mesma espécie — *Homo sapiens sapiens* — e, portanto, dispõem todos do mesmo cérebro com as mesmíssimas capacidades cognitivas. Uma criança nascida no interior do Paraná, se for levada para viver desde pequena no Nepal, aprenderá a falar nepalês como qualquer criancinha nascida lá, e vice-versa. Como o cérebro humano é o mesmo e tem de dar conta de simbolizar o mesmo mundo e as mesmas experiências de vida, as línguas humanas, por mais diferentes que sejam — e são —, dispõem de recursos para desempenhar lindamente essas tarefas.

As diferenças entre as línguas não impedem, por exemplo, a prática da *tradução*, talvez uma das mais antigas atividades desempenhadas pelos seres humanos. A prova cabal disso está precisamente nos exemplos que demos acima. Não temos em português partículas gramaticais evidenciais específicas como o tuiúca, mas se tivermos de traduzir *diiga apé-'yigi*, podemos dizer "me disseram que ele jogou". Para decidir que tradução usar no momento de verter para o português a forma verbal do inglês *you could* vamos ter de analisar todo o contexto e o cotexto para usar a forma verbal mais adequada, de modo a preservar a coesão e a coerência do texto.

O grande linguista russo **Roman Jakobson** (1896-1982) escreveu essas palavras lapidares: "As línguas se distinguem muito mais pelo que elas *têm que dizer* do que pelo que elas *podem dizer*". O que significa isso? Que numa língua humana se *pode dizer* tudo o que se diz numa outra língua humana, mas que esse *poder dizer* está sujeito à *gramática* de cada língua, que obriga o falante a se expressar inevitavelmente segundo as regras de seu idioma.

Em português, por exemplo, o gênero gramatical está inscrito em todos os substantivos da língua: no exato momento em que escolhemos um substantivo, ele já vem com seu gênero gramatical intrínseco, que nos obriga a fazer a concordância de gênero com os demais termos do sintagma. Por isso, ao traduzir o inglês *"This house is beautiful but it is very expensive"*, somos obrigados a dizer: *Essa casa é bonita mas é muito cara*. Se formos traduzir para o francês a célebre declaração de Júlio César — *Veni, vidi, vici* (*Vim, vi, venci*) —, seremos obrigados a usar três vezes o índice de pessoa *je* ("eu") — *Je vins, je vis, je vainquis* —, porque em francês nenhum verbo pode vir desacompanhado de seu sujeito. Em russo não existem artigos definidos, mas ao traduzir dessa língua para a nossa, teremos de empregá-los onde julgarmos conveniente e necessário...

6.3. A discriminação e o preconceito linguísticos

Uma derivação do mito da língua "primitiva" é a ideia de que as pessoas que não têm educação formal e não se valem das formas linguísticas padronizadas e prescritas pela tradição gramatical falam "tudo errado". Assim como os europeus se consideravam superiores aos negros, aos índios, aos polinésios, aos aborígines australianos etc., também muitas pessoas das camadas dominantes da sociedade consideram que os pobres, os analfabetos, os habitantes da zona rural (e, em alguns lugares, as mulheres, os jovens, os negros, os imigrantes etc.) não sabem falar, têm vocabulário pobre, são incapazes de raciocínio lógico. É a expressão mais clara e vigorosa do preconceito linguístico, conjunto de ideias que se manifesta concretamente na **discriminação pela linguagem**.

Esse preconceito foi e (infelizmente) continua sendo transmitido e preservado pela pedagogia tradicional de língua. Muitas e muitas pessoas abandonam os estudos porque ficam traumatizadas ao entrar na escola e, logo em seus primeiros contatos com o mundo escolar, são alvo de discriminação, de deboche, de piada por causa de seu jeito de falar — discriminação praticada não só pelos colegas, mas também por muitas professoras e muitos professores.

Vai nessa mesma linha de pensamento arcaico uma coluna assinada pelo poeta Ferreira Gullar, na *Folha de S.Paulo* (17/2/2008), em que ele (logo ele, que é nordestino e que sempre foi considerado um homem de ideias progressistas!) pergunta:

> Mas quem é o povo? Aquela gente nordestina, magricela, tostada de sol, *que mal sabe falar*? (grifo meu)

A afirmação de que existe alguém que "mal sabe falar" revela, para começar, uma profunda ignorância do enunciador no que diz respeito aos avanços da antropologia, da psicologia, da medicina, da linguística contemporâneas. Todo e qualquer ser humano dotado de suas plenas capacidades físicas e mentais é perfeitamente capaz de falar e de *falar bem*. O cérebro humano é extremamente organizado, de modo que, ao contrário do que tanta gente pensa, **é simplesmente impossível falar sem obedecer regras gramaticais**. O problema está em acreditar que as únicas regras gramaticais são as poucas, pouquíssimas, descritas (mal descritas) e prescritas pela tradição gramatical. Se alguém falasse "sem gramática" não conseguiria se fazer entender — e nem a pessoa mais preconceituosa vai poder dizer que um enunciado como *"nós chegou lá e os home já tinha ido embora"* é incompreensível porque, supostamente, não apresenta concordância nem obedece estritas regras morfossintáticas...

Não existem "línguas primitivas". Existem, isso sim, opiniões, preconceitos, mitos, lendas, ilusões, fantasias — elas, sim — primitivas, toscas, tacanhas e bisonhas — quando não explicitamente fascistas. E é desse tipo de ignorância que temos obrigação de nos livrar e de livrar aqueles que nos procuram como educadores.

7. O que é linguagem?

Este livro apresenta no título um trio de palavras aparentadas: *língua, linguagem, linguística.* Já tratamos, até agora, da primeira delas, a língua. Agora chegou a vez da **linguagem**.

O termo **linguagem** tem muitos significados e sentidos, mas vamos nos deter aqui em duas de suas definições, as mais importantes. A primeira é:

> linguagem$_1$ → faculdade cognitiva da espécie humana que permite a cada indivíduo representar/expressar simbolicamente sua experiência de vida, assim como adquirir, processar, produzir e transmitir conhecimento.

Nós somos seres muito particulares, porque temos precisamente essa capacidade fantástica de **significar**, quer dizer, de *produzir sentido* por meio de símbolos, sinais, signos, ícones etc. O filósofo francês **Jean-Paul Sartre** escreveu certa vez que nós somos seres "condenados à liberdade". Poderíamos dizer, nessa linha de raciocínio, que também somos seres **condenados a significar**. Nenhum gesto humano é neutro, ingênuo, vazio de sentido — muito pelo contrário, ele é sempre *carregado de sentido*, nos mais variados graus, e cabe justamente à nossa capacidade de linguagem **interpretar** o sentido implicado em cada manifestação dos outros membros da nossa espécie.

A segunda definição de linguagem é decorrente da primeira:

> linguagem$_2$→ todo e qualquer sistema de signos empregados pelos seres humanos na produção de sentido, isto é, para expressar sua faculdade de representação da experiência/conhecimento.

7.1. Linguagem verbal e não verbal

É dessa segunda acepção de linguagem que provém uma distinção fundamental: a de **linguagem verbal** e **linguagem não verbal**.

A **linguagem verbal** é precisamente aquela que se expressa por meio do **verbo** — termo de origem latina que significa "palavra" —, ou seja, por meio da **língua**, que é, de longe, o sistema de signos mais completo, complexo, flexível e adaptável de todos — não por acaso, é de *língua* que deriva a palavra *linguagem*, pois toda linguagem é sempre uma "imitação da língua", uma tentativa de produção de sentido tão eficiente quanto a que se realiza por meio da língua. A linguagem verbal pode ser **oral**, **escrita** ou **sinalizada** (a língua dos surdos).

A **linguagem não verbal** é toda aquela que se vale de outros signos, não linguísticos, signos que podem ser das mais diversas e diferentes naturezas. As placas de trânsito e as cores dos semáforos, por exemplo, constituem uma linguagem não verbal, assim como os apitos e gestos de mão do juiz num jogo de futebol. É essa riqueza de possibilidades de representação/expressão que nos permite falar de *linguagem musical, linguagem cinematográfica, linguagem teatral, linguagem corporal, linguagem da dança, da pintura, da escultura, da arquitetura, da fotografia* e por aí vai, e vai longe, sem mencionar as famosas *linguagens secretas, linguagens cifradas*, que exigem o domínio de códigos reservados a poucos iniciados. Existem também as *linguagens artificiais*, isto é, sistemas de comunicação elaborados conscientemente para permitir o funcionamento de domínios específicos de saber. São linguagens artificiais, por exemplo, as que são empregadas na matemática, na lógica, na computação etc. O estudo dos múltiplos sistemas de linguagem verbal e não verbal é da alçada da **semiótica** (ou da **semiologia**, conforme a corrente teórica), que também se interessa pelas transposições de um sistema para outro (por exemplo, da fala para a escrita, do romance para o cinema, da música para a dança etc.).

Essa **faculdade de linguagem** é muito poderosa, porque nasce da aguda necessidade que nós, seres humanos, seres **sociais** e **culturais**, temos de interagir com nossos **coespecíficos** (membros da nossa mesma espécie), de aprender com eles, compartilhar nossas experiências e transmitir o conhecimento acumulado por nosso grupo social.

Na maioria das pessoas, essa faculdade encontra vazão na **fala**, na articulação de sons e na sua combinação em palavras e frases. No entanto, quando a fala não está disponível por alguma razão — como a **surdez** —, essa necessidade premente de interação social faz surgir outros sistemas de signos, neste caso, as chamadas **línguas de sinais**, que se valem das mãos, das outras partes do corpo e das expressões faciais para se realizar. As línguas de sinais podem ser criações espontâneas de crianças ou pessoas adultas surdas, no desejo de interagir com seu grupo social, mas já existem mundo afora muitas línguas de sinais devidamente codificadas, descritas em dicionários e gramáticas e até mesmo institucionalmente reconhecidas, como é o caso da **LIBRAS**, língua brasileira de sinais. As línguas de sinais são sistemas tão complexos e completos quanto as línguas faladas e, justamente por isso, são chamadas de *línguas* e já não de "linguagens". Os surdos **falam** concretamente por meio dos sinais, tanto quanto os não surdos fazem gestos abstratos com o aparelho fonador, sintetizando-os em sons.

8. O que é linguística?

Chegamos agora ao terceiro termo do nosso trio: **linguística**. Talvez o mais fácil de definir, já que a linguística é a **ciência que estuda a linguagem humana em geral e as línguas humanas particulares**. Esse movimento pendular entre o geral e o particular se explica também de modo fácil: como a espécie humana é uma só, dotada dos mesmos recursos cognitivos e das mesmas configurações fisiológicas, e obrigada a resolver os mesmos problemas de representação/expressão da experiência/conhecimento, é mais do que seguro apostar que existam traços comuns a todas as línguas humanas — e de fato existem. Por outro lado, como os diferentes grupos humanos vivem em ambientes ecológicos diferentes, em climas diferentes, tendo de se valer de recursos naturais diferentes e, principalmente, constituem **culturas diferentes**, cada língua humana deve apresentar características próprias, específicas, peculiares — e de fato apresentam.

Costumo dizer que a linguística quer descobrir e explicar **aquilo que cada falante sabe, mas não sabe que sabe**. É que qualquer pessoa tem um conhecimento amplo e fundo da língua (ou das línguas) que ela fala. Uma vez adquirida pela criança, a língua se firma profundamente em sua cognição, e tudo o que esse indivíduo vai fazer pelo resto da vida é aprofundar ainda mais seu conhecimento — intuitivo e inconsciente e, também, analítico e consciente — dessa língua adquirida na infância.

Ninguém conhece melhor uma língua X do que uma pessoa falante dessa língua X: ela sabe reconhecer perfeitamente uma construção linguística como bem ou mal constituída, como pertencente ou não à **gramática** de sua língua. Por isso também costumo dizer: **o falante comum é o melhor gramático que existe**. É claro que estamos usando aqui o termo *gramática* numa acepção muito diferente da que circula no senso comum, a de um livro que contém as normas para se falar e escrever "certo". Na teoria linguística, a gramática é o que faz uma língua ser o que é, é o conjunto de **regras** (de novo: intuitivas e inconscientes) que seus falantes acionam para, falando, construir sua identidade social de... falantes daquela língua.

Nenhuma criança brasileira falante de português, por exemplo, vai dizer ***zinho***_sinal_ no lugar de *sinal*_**zinho**_, porque, pelas regras da gramática de sua língua, a marca de diminutivo sempre se coloca no final do nome. Ora, isso é o contrário do que se dá, por exemplo, no quimbundo, uma língua trazida para o Brasil pelos africanos escravizados: nela, "sinal" se diz *rimbu* e, no diminutivo, ***ka***_rimbu_, "sinalzinho, pequena marca" — sim, você adivinhou: é do quimbundo que vem o nosso *carimbo*. (Em tempo: o asterisco [*] é empregado na linguística para indicar construção improvável, inaceitável na gramática da língua.) Ninguém jamais ensinou essa regra formalmente à criança brasileira e nenhuma professora na escola perde tempo ensinando que as marcas de diminutivo vêm no final dos nomes: a criança já chega na escola sabendo disso. Esse é um exemplo ínfimo de toda a complicadíssima e sofisticada rede de regras gramaticais que qualquer falante de uma língua, depois de uma certa idade, domina e utiliza.

Assim como usamos nossos olhos, ouvidos, narizes, pulmões, pernas e outras partes do corpo com agilidade e destreza sem termos consciência de como elas funcionam, assim também utilizamos nossa língua com total competência e habilidade, inclusive para praticar um dos nossos passatempos favoritos: **falar sobre a língua**.

Não satisfeitos com essa capacidade fenomenal de usar a língua para nossa interação social, representação do mundo e produção de conhecimento, também nos dedicamos à prática da **epilinguagem**, quer dizer, comentar, debater, discutir, avaliar, criticar, elogiar, repreender, apreciar etc. a língua que falamos e a língua que os outros falam. E só podemos fazer isso porque somos conhecedores perfeitos, totais e absolutos das regras de funcionamento da nossa língua.

A epilinguagem se distingue da **metalinguagem**, que mencionamos mais acima: enquanto a epilinguagem tem a ver com o uso da língua para falar da língua de maneira assistemática, intuitiva, sem reflexão teórica específica, a metalinguagem é o conjunto de termos empregados pelos estudiosos de qualquer área de conhecimento para formalizar seu campo de saber e descrever com rigor seus objetos de investigação. Quando empregamos termos como *adjetivo, fonema, léxico, fricativa, sintagma* etc., estamos nos valendo da metalinguagem própria da linguística.

No entanto, como já discutimos, essa extraordinária faculdade de linguagem que nos permite falar uma língua particular (ou mais de uma, é claro) é um objeto escondido. Por isso, no desejo de poder conhecer esse objeto e seu funcionamento, os cientistas da linguagem — os **linguistas** — se dedicam a examinar os poucos dados disponíveis, aquela "série de sons que se sucedem no tempo e formam grupos mais ou menos complexos separados por respirações, pausas, paradas, silêncios", para retomar as palavras de J.-C. Corbeil citadas mais atrás.

Com esses dados, é possível formular hipóteses, propor instrumentos de análise e metodologias de pesquisa capazes de pouco a pouco revelar (verbo que significava, em latim, "puxar o véu") o funcionamento desse misterioso objeto escondido. O linguista, ao contrário do falante comum (eu diria até "normal"), quer ter um conhecimento sistematizado, formalizado, *consciente*, do que é e de como é uma língua para, daí, alçar voos ainda mais altos e aprender mais sobre o que é e como é a linguagem humana em geral.

8.1. Quem mais se ocupa da língua e da linguagem?

A linguagem, por outro lado, é o elemento central de tudo aquilo que se pode classificar de **humano**. Já disse e repito: ser humano é ser na linguagem. Por isso, o estudo da linguagem e das línguas não é privilégio da ciência linguística nem dos linguistas.

Algumas áreas específicas desse enorme campo de saber são ocupadas mais assiduamente por linguistas profissionais, porque são os especialistas da língua como sistema estruturado: a **fonologia**, a **morfologia** e a **sintaxe**, principalmente. Mas tão logo ampliamos o foco e iluminamos o vasto terreno que se abre para além desse núcleo central de estudos, topamos com uma profusão de fenômenos de toda ordem em que a língua/linguagem está profundamente implicada.

Por isso, são muitas as disciplinas que se dedicam a ela, além da linguística propriamente dita, assim como também a linguística se divide em diversas subdisciplinas com foco mais concentrado em determinados aspectos do fenômeno linguagem.

A **semântica**, por exemplo, é o estudo do *significado* das unidades da língua e de seus conjuntos. Embora esse estudo seja exercido predominantemente por linguistas, ele também convida a reflexões de ordem lógico-filosófica. Aliás, a **filosofia da linguagem** é uma disciplina antiquíssima, praticada há milênios, tanto no Ocidente quanto no Oriente. Os filósofos da linguagem se interessam, sobretudo, pela natureza do significado, pelo uso da linguagem, pela cognição (e o relacionamento entre linguagem e pensamento) e pelas relações entre linguagem e realidade.

Fruto mais recente das investigações filosóficas sobre a linguagem, a **pragmática** examina e descreve os princípios de cooperação que atuam no intercâmbio de linguagem entre o falante e o ouvinte, princípios que permitem ao ouvinte interpretar o enunciado do seu interlocutor, tomando em consideração, além do significado literal, elementos da situação e a intenção que o locutor teve ao enunciá-lo. Seu principal suporte é a **teoria dos atos de fala**.

Numa outra perspectiva, também existe a **sociologia da linguagem**, que se debruça sobre os efeitos dos usos da(s) língua(s) sobre a dinâmica social. Por exemplo, o prestígio de determinadas formas de uso da língua sobre outras, o preconceito social que se exerce sobre pessoas ou grupos de pessoas por causa de seu modo de falar, os processos de normatização de uma língua ou de uma variedade de língua para que se torne língua oficial etc.

Prima-irmã da sociologia da linguagem é a **sociolinguística** que, no entanto, inverte de certa maneira a direção do foco para estudar como a língua e suas estruturas são afetadas pelas dinâmicas sociais. Ao desvendar alguns dos fatores sociais responsáveis pela mudança das línguas, a sociolinguística trouxe novo impulso para a **linguística histórica**, surgida no século XIX, quando teve um extraordinário desenvolvimento, mas deixada de lado na primeira metade do século XX pelos linguistas mais interessados no exame da língua em seu estado atual, contemporâneo.

Também muito aparentadas entre si são a **antropologia linguística** e a **linguística antropológica**. A primeira investiga de que modo a língua/linguagem molda a comunicação, constitui a identidade social, influi no pertencimento de indivíduos a grupos, organiza em larga escala as crenças culturais e desenvolve uma representação cultural comum do mundo natural e do mundo social. A linguística antropológica, sendo primordialmente linguística, explora o que se passa entre língua/linguagem e cultura e as relações entre biologia humana, cognição e linguagem. Uma disciplina também muito próxima da antropologia linguística é a **etnografia da comunicação**, que aplica a metodologia da pesquisa etnográfica (descrição minuciosa dos padrões culturais peculiares de um determinado grupo social) para a análise dos processos de comunicação dentro de uma dada *comunidade de fala.*

Uma vez que toda manifestação da linguagem se realiza na forma de *discurso*, um campo de estudo muito desenvolvido nas últimas décadas tem sido precisamente a **análise do discurso**, que se vale das contribuições de diversas disciplinas (linguística, sociologia, psicanálise, ciências da comunicação, filosofia etc.) para investigar de que forma os enunciados socialmente significativos se constroem não somente do ponto de vista estrutural, textual, mas também do ponto de vista da argumentação, das ideologias, das cristalizações de formas e formatos discursivos em determinados períodos históricos, dentro das instituições etc.

A **linguística textual**, por sua vez, postula que qualquer manifestação discursiva se concretiza na forma de um *texto* e que, por isso, é necessário estudar os elementos que fazem um texto ser o que é, os chamados *fatores de textualidade* (coesão, coerência, informatividade, situacionalidade, aceitabilidade, intencionalidade, intertextualidade, por exemplo). Mais recentemente, a linguística textual passou também a se interessar pelos processamentos cognitivos da língua, que exigem uma análise atenta de fatores extratextuais, contextuais etc.

A **análise da conversação**, como o nome deixa supor, estuda o que ocorre nas trocas verbais entre as pessoas, quais as estratégias que usamos, por exemplo, para nos apoderarmos da palavra durante um diálogo, para garantir que nosso interlocutor se mantenha interessado no que dizemos, entre outras muitas coisas.

A **psicolinguística** se dedica primordialmente à investigação dos processos de *aquisição da linguagem*, dos fatores cognitivos que permitem o processamento e a produção da linguagem. Próxima dela está a **neurolinguística**, interessada no funcionamento do **cérebro** humano como processador da linguagem, e também nos distúrbios de linguagem mais conhecidos (afasia, dislexia, gagueira etc.).

Quando os avanços teóricos e metodológicos das diversas disciplinas voltadas para o estudo da linguagem são aproveitados para a solução de problemas práticos ou de atividades profissionais específicas, é comum empregar-se a designação de **linguística aplicada**. Os ramos mais difundidos dessas aplicações são o ensino de língua (L1 e L2), a tradução, a lexicografia, a codificação da linguagem nos meios de comunicação, a linguagem forense, entre vários outros.

8.2. Escolas de pensamento linguístico

Já vimos que, sendo um objeto escondido, a língua/linguagem precisa ser construída teoricamente para então ser examinada e descrita. Ao longo da história, diversas escolas teóricas têm surgido, cada uma delas dando sua contribuição para um melhor entendimento dessa nossa faculdade.

A mais antiga de todas as escolas teóricas recebe o nome de **gramática tradicional** e reúne os postulados que compõem a doutrina sobre língua elaborada a partir das primeiras reflexões dos filósofos gregos (século V a.C.) até a constituição da disciplina gramatical, por volta do século III a.C, também no mundo de língua grega.

Levada para o domínio da língua latina pelos romanos, essa doutrina vai se enraizar em toda a Europa e, de lá, para o resto do mundo colonizado pelos europeus. Desprovida de uma metodologia propriamente científica, e muito criticada por isso nas escolas de pensamento linguístico modernas e contemporâneas, ainda assim as primeiras intuições dos filósofos e filólogos antigos merecem exame atento.

Do outro lado do mundo, na **Índia**, também se desenvolveu uma refinada teoria gramatical, iniciada no século V a.C. por **Panini**, que se preocupava em descrever da forma mais detalhada possível a língua sagrada da religião hindu, o **sânscrito**. No **Oriente Médio**, em meados do século VIII da nossa era, o persa **Sibawayhi** produziu uma monumental gramática da língua árabe, tendo sido o primeiro linguista a distinguir entre os sons da língua e as unidades abstratas deduzidas a partir deles, os **fonemas**.

É costume considerar que os estudos sobre língua/linguagem receberam um tratamento propriamente científico no século XIX, com o desenvolvimento da linguística histórica, que já mecionamos, de onde se originou o famoso **método filológico-comparativo**, empregado pelos linguistas para comparar línguas diferentes e tentar estabelecer um parentesco entre elas. No mesmo período, surgiu a **dialetologia**, ancestral remota da sociolinguística moderna, que procurava registrar e descrever as distintas variedades de uma mesma língua nacional.

Na virada do século XIX para o século XX, surge o **estruturalismo**, inspirado nas ideias atribuídas ao já citado Saussure, que se desenvolverá brilhantemente, influenciando outras áreas do conhecimento (psicanálise e antropologia, principalmente).

Nos anos 1930-1940, frutifica a corrente do **relativismo linguístico**, com a célebre *hipótese de Sapir-Whorf*, segundo a qual a língua que falamos molda nosso modo de pensar e de conceber o mundo.

Na década de 1960, graças aos trabalhos do estadunidense **Noam Chomsky** (nascido em 1928), surge a escola teórica conhecida como **gerativismo** (ou *gramática gerativa*, *gramática gerativo-transformacional*), muito influente até os dias de hoje.

Com o desenvolvimento do estruturalismo clássico, aparecem as diversas correntes teóricas agrupadas sob o rótulo de **funcionalismo** que, ao contrário do gerativismo (uma escola que estuda a linguagem como *forma* e como *cognição individual*), preferem observar a língua em sua *função* de comunicação e interação social.

Mais recentemente, muitos estudiosos vêm tratando o objeto língua como algo indissociável das dinâmicas cognitivas individuais e coletivas e do ambiente sociocultural, dando origem ao chamado **sociocognitivismo**.

Cada uma dessas áreas de estudo e dessas vertentes teóricas — além de outras que não pudemos mencionar — é um mundo complexo que se ramifica em diversas subáreas. Todas se desenvolvem em ritmo acelerado e vêm acumulando grande volume de conhecimento, teorias e métodos. Quem se interessar por conhecer mais a respeito de algum campo específico ou de alguma escola teórica particular poderá consultar com proveito os títulos enumerados nas sugestões de leitura no final do livro.

PARTE 2

Como e por que as línguas mudam?

1. Um cérebro social

Com o que sabemos até o momento, é possível dizer que **a mudança linguística é um processo social e cognitivo**. Afinal, se já dissemos que a língua tem de ser abordada numa perspectiva sociocognitiva, a mudança linguística não pode escapar dessa mesma abordagem. Isso significa dizer que dela participam fatores **socioculturais**, decorrentes das dinâmicas de interação dos indivíduos e das populações de uma dada comunidade, e fatores **sociocognitivos**, derivados do funcionamento do nosso cérebro quando processamos a língua que falamos (e fazemos isso a cada segundo), processamento que implica não só o indivíduo, como também as demais pessoas com quem ele interage.

O cérebro não está fechado em si mesmo, não é a "caixa preta" dos behavioristas do início do século XX: ele se encontra num corpo que, por sua vez, está mergulhado indissoluvelmente na vida social, em constante interação com outros. Ou seja, a mudança linguística, como tudo o que se refere ao processamento mental, decorre de uma **elaboração conjunta**, de uma **atividade coletiva**. Nenhuma pessoa pode mudar sozinha o que quer que seja na língua. As mudanças só se implementam porque encontram repercussão cognitiva no cérebro dos falantes da língua e aceitação na comunidade. Por isso, adotamos aqui a tese de que a **mente** humana age segundo suas estruturas biológicas, sim, mas que sua formação, formatação e configuração é um processo essencialmente **social**[1]. Da interação dessas duas ordens de fatores, socioculturais e sociocognitivos, resulta a mudança linguística.

Aliás, por falar em cérebro, vamos aproveitar a ocasião para **desmentir veementemente** a lenda urbana que diz que nós só usamos 10% de nossa capacidade cerebral. Se você já ouviu isso alguma vez, espero que não tenha acreditado, porque é uma bobagem imensa. O cérebro é altamente custoso para o nosso corpo, consome muitíssima energia e exigiu que nossa anatomia se adaptasse para carregar seu grande peso sobre nossos ombros. A natureza não ia desperdiçar tanto investimento evolutivo, durante milhões de anos, para produzir um sistema tão complexo e dispendioso que, no fim das contas, mal seria utilizado por nós. Mais um mito para a gente jogar no lixo sem dó!

Os **fatores socioculturais** são estreitamente dependentes da vida de cada comunidade de fala: o tamanho de sua população, a distribuição dos papéis sociais atribuídos às mulheres e aos homens, sua interação mais ou menos intensa com outras comunidades de

[1] Essa é uma tese elaborada já no início do século XX pelo psicólogo russo Lev Vygotski (1896-1934) e pelo linguista também russo Valentin Volochinov (1895-1936) e que tem servido de fundamento para novas teorias antropológicas, linguísticas e psicológicas da atualidade.

fala, sua matriz econômica e produtiva, sua hierarquia social, seu sistema político, suas instituições, seu sistema de ensino, seu grau de desenvolvimento tecnológico, sua maior ou menor integração às redes de comunicação, de intercâmbios culturais, tecnológicos e comerciais nos níveis local, nacional e global, a composição étnica e etária dessa comunidade, suas relações ecológicas com o território que habita etc. Como todos esses fatores são altamente variáveis de um lugar para o outro, os processos de mudança linguística decorrentes deles também serão altamente variáveis de um lugar para o outro, mesmo no interior de uma sociedade considerada globalmente uma só, como, por exemplo, a brasileira.

Os **fatores sociocognitivos** que estimulam a mudança linguística já são de outra natureza. Já que todos os seres humanos compõem uma única espécie e dispõem dos mesmíssimos recursos intelectuais, da mesmíssima potencialidade cognitiva, do mesmíssimo cérebro e da mesma configuração fisiológica, é mais do que esperável que, no processamento da língua, surjam fenômenos de mudança comuns a todos os idiomas do mundo. E isso de fato ocorre, como pesquisas com números cada vez maiores de línguas têm demonstrado fartamente, de modo que é possível falar da existência de **tendências universais de mudança linguística**. Esses universais, no entanto, não são de natureza exclusivamente genética, inata, como postula, por exemplo o gerativismo de Chomsky. A interação dessas tendências sociocognitivas universais com os fatores ecossocioculturais presentes na comunidade é que vão determinar os ritmos da mudança, que diferem de uma sociedade para outra e, dentro de uma mesma sociedade, de uma comunidade para outra.

1.1. Exemplo de tendência universal

Um exemplo de tendência observada num grande número de línguas é aquilo que alguns estudiosos chamam de "sílaba ideal". Ela seria formada pela sequência cv-cv-cv..., em que c é *consoante* e v, *vogal*, como na palavra CA-MA-RO-TE. Por que essa sílaba é ideal? Porque, do ponto de vista da articulação — o esforço que fazemos para falar —, é muito mais cômodo iniciar com uma obstrução de ar (ou seja, com uma consoante, como [b], [d], [p], [t] etc.) e terminar com uma liberação de ar (ou seja, com uma vogal, que é um som em que o ar passa livremente pela boca). Muitas pesquisas revelam que as crianças de qualquer língua tendem a produzir suas primeiras palavras com esse padrão silábico, eliminando, por exemplo, os encontros consonantais (como as criancinhas brasileiras, que dizem, por exemplo, "pato" para *prato*, "fô" para *flor*, "banco" para *branco* etc.).

Muitas línguas do mundo já atingiram esse padrão silábico ideal, como por exemplo:

- o *japonês*: nessa língua não existem *encontros consonantais*; por isso, as palavras tomadas de empréstimo a outras línguas sofrem uma drástica adaptação ao padrão silábico japonês; por exemplo, o inglês *strike* ('greve') se transformou em *sutoraiku*; *Brasil* é *Burajiru*;
- as línguas da família *polinésia* (como o taitiano e o havaiano, entre muitas outras) só apresentam *sílabas abertas*, isto é, terminadas em vogal; um bom exemplo é *Honolulu*, a capital do Havaí;
- as línguas do grupo *tupi-guarani* também não admitem encontros consonantais (o português *cruz* se transformou em *curuçá* no tupi);
- as línguas do grupo *banto* também seguem o padrão CV e não conhecem os encontros consonantais; em quimbundo, por exemplo, o português *bruto* se transformou em *bulutu*; muitas palavras dessa língua são usadas no Brasil hoje em dia: *muvuca, fofoca, careca, farofa, jiló, caçula, moleque*, todas com padrão CV;
- o *chinês* não tem encontros consonantais e só admite sons nasais e um *r* retroflexo (semelhante ao nosso "R caipira") em final de sílaba.

Em italiano, o L dos encontros consonantais latinos se transformou em I: *planta* > *pianta*; *claru* > *chiaru*; *flumen* > *fiume* etc. Em português, muitos desses encontros consonantais se transformaram na consoante que escrevemos com o dígrafo ch: *flamma* > *chama*; *pluvia* > *chuva*; *clave* > *chave* etc. Em espanhol, eles foram substituídos pela consoante que se escreve com LL: *llama, lluvia, llave.*

Também em italiano, nas sílabas travadas originais do latim, a consoante de travamento foi assimilada pela consoante da sílaba seguinte, fazendo surgir as consoantes longas características da língua: *admíttere* > *amméttere*; *octu* > *otto*; *septe* > *sette*; *absolutu* > *assoluto*; *advocatu* > *avvocato* etc.

No português brasileiro, surgiu uma solução diferente: a inserção de um [i] ou de um [e] para desfazer o "choque" de consoantes: PNEU (*pineu/peneu*), ADVOGADO (*adivogado/adjivogadu/adevogado*), PACTO (*pákito*) etc. Os estudiosos chegam mesmo a dizer que no português brasileiro não existem consoantes "mudas", e muitos poetas e compositores, na hora de contar as sílabas dos versos, como na palavra *rapto*, por exemplo, contam *rá-p[i]-to*, três sílabas e não duas, como sugerem as gramáticas (*rap-to*).

Ainda no português brasileiro, já são poucas as consoantes que podem aparecer em final de palavra: [l], [r], [s]. Mesmo assim, a maioria de nós já transformou o [l] numa simples semivogal [u̯], de forma que pronunciamos "sóu", "gôu", "geráu" o que se escreve *sol, gol, geral*. O [r] tende a desaparecer ou a se tornar uma aspiração leve, mesmo na fala das pessoas mais letradas, principalmente no final dos infinitivos verbais: *procurá, conhecê, dividí* (e também *amô, professô, sofredô* etc.). Quanto ao [s], pense como quase todos nós dizemos "vâmu" em lugar de *vamos*, e tendemos a eliminar a marca de plural dos nomes, principalmente na fala mais espontânea e informal: *os menino, as casa, os problema* etc.

É sempre bom reforçar que estamos falando de tendências, ou seja, processos que são medidos por sua maior ou menor intensidade. Enquanto muitas línguas já atingiram a "sílaba ideal", outras ainda estão longe disso. As línguas eslavas (russo, tcheco, polonês, sérvio-croata etc.) são conhecidas por apresentarem palavras compostas exclusivamente de consoantes. Um exemplo célebre é esta frase em **tcheco**:

strč prst skrz krk ["enfie o dedo na garganta"].

Pode parecer quase impossível pronunciar isso, não é? Mas, se você reparar bem, em todas as palavras aparece um R. Embora a gente sempre aprenda que o R é uma consoante, na verdade verdadeira, ele é uma **soante**, um grupo de sons bem restrito (que inclui [l], [m], [n], [r], [s]) que podem constituir, como as vogais, núcleo de sílaba. Mas essa é uma história que vamos deixar pra outro dia[2]...

2. Forças centrífugas, forças centrípetas

Esses fatores de ordem sociocognitiva constituem **forças centrífugas** no processo de mudança, isto é, forças que agem de modo que a língua se afaste cada vez mais do que é para se tornar o que será.

Já os fatores sociais que intervêm na mudança linguística, eles podem constituir **forças centrífugas** ou **forças centrípetas**. Os fatores sociais *centrífugos* são primordialmente **a variação e o contato**, e vamos tratar deles logo adiante. As forças sociais centrípetas são aquelas que procuram manter a língua na maior estabilidade e imutabilidade possível. É o que a gente examina agora.

2.1. Forças centrípetas: as instituições sociais

No que diz respeito ao ambiente social, é inevitável que, dentro da sociedade, existam **forças centrípetas** que agem sobre a língua, forças que puxam a língua para o centro, que a refreiam, que tentam conter seu impulso de mudança. Essas forças são exercidas pelas **instituições sociais** que, de maneira explícita ou não, oficial ou não, tentam impor algum controle sobre os destinos do idioma.

---

[2] Um tratamento mais demorado das soantes aparece na minha *Gramática pedagógica do português brasileiro* (São Paulo: Parábola Editorial, 2012), nas pp. 333-334.

A mais importante de todas, evidentemente, é a **escola**, o sistema formal de ensino que, em todos os seus níveis, procura dar aos cidadãos uma educação sistematizada, programada de acordo com currículos definidos pelas instâncias oficiais. A escola busca veicular uma **cultura** que está geralmente associada com as camadas sociais privilegiadas e, por conseguinte, transmitida na roupagem de uma "língua" considerada "culta" ou "exemplar".

Junto com a escola, outras instituições e agentes sociais também contribuem para o esforço de refrear a mudança linguística:

- o peso, maior ou menor, da tradição literária (que elege alguns escritores como os "clássicos" do idioma, modelos a serem "imitados");
- o trabalho dos **gramáticos e dicionaristas**, empenhados em descrever e prescrever a língua "certa";
- a **burocracia** em geral, o sistema jurídico, o poder legislativo (com suas fórmulas estereotipadas e seu fraseado típico, em geral muito rebuscado e repleto de expressões obsoletas);
- todo o **aparato estatal** com sua multiplicidade de órgãos e serviços públicos;
- as **instituições religiosas** que, em geral, se apoiam em textos antigos, reverenciados, e que precisam ser mantidos no estado de máxima "pureza" original, para que não sejam "distorcidas" as verdades que foram reveladas aos fiéis pelas forças divinas (o pronome *vós*, por exemplo, só sobrevive, no Brasil de hoje, em alguns textos religiosos, como as traduções da Bíblia);
- as **academias de língua**, nos países em que elas existem e têm uma presença atuante na vida cultural da sociedade (como é o caso, por exemplo, da Real Academia de la Lengua Española, e como nem de longe é o caso da Academia Brasileira de Letras);
- e, mais recentemente (e de forma mais importante) na história da humanidade, os poderosíssimos **meios de comunicação**, que necessitam de uma linguagem mais ou menos uniformizada para

exercer suas funções de formação (e sobretudo de *conformação*) da opinião pública.

Um elemento fundamental em tudo isso é, sem dúvida alguma, a presença da **escrita**. Tudo o que tem a ver com a instituição de uma linguagem "certa", "oficial", "uniforme", "normatizada" etc. também tem a ver com o uso intenso da *escrita*. As sociedades que são fortemente **grafocêntricas**, isto é, em que a *cultura escrita* é onipresente e supervalorizada, são também aquelas que ostentam instituições com grande poder *centrípeto* sobre as forças de mudança da língua.

Essa concepção da escrita como algo superior vem desde a Antiguidade clássica, e a valorização da língua falada como verdadeiro objeto de estudo das ciências da linguagem só veio a ocorrer em meados do século XIX e, de forma mais explícita e sistematizada, no início do século XX, com o estruturalismo.

Evidentemente, sabemos que em sociedades desprovidas de escrita, de cultura letrada e de escola formal também há forças centrípetas de regulação linguística, como a distribuição do poder, as hierarquias ocupadas pelos diferentes membros da comunidade, os papéis reservados a homens e mulheres, o prestígio dos idosos, reconhecidos como detentores de maior sabedoria etc. No entanto, o que nos interessa aqui é o papel das instituições em culturas mais amplas e complexas, em que existe uma cultura de prestígio fortemente influenciada pela escrita e pela escolarização formal.

Assim, é fácil concluir: quanto menor for a presença e a influência da **escrita institucionalizada** (o que significa menor presença/influência da escola, do poder do Estado, dos meios de comunicação etc.), maior e mais rápida também será a atuação das forças *centrífugas*, socioculturais e sociocognitivas, que favorecem a mudança das línguas. A pressão da escrita sobre a língua falada pode ser responsável pela criação de um imaginário linguístico popular, onde a língua falada tem de ser um reflexo da língua escrita (o que, naturalmente, é impossível, dadas as limitações do sistema de notação de qualquer ortografia para dar conta de todos os fenômenos de variação presentes na língua falada). Também pode provocar mudanças que, de outra maneira, não ocorreriam.

Não é por acaso, então, que as mudanças na língua ocorrem primeiro, e em ritmo mais acelerado, *nas comunidades menos sujeitas à pressão das instituições*, como a escola, comunidades onde vivem pessoas que, em sua maioria, não dominam a leitura e a escrita (como na zona rural e nas periferias pobres das grandes cidades).

Essas forças centrípetas, portanto, que partem das instituições que tentam cercear a língua (representadas no desenho abaixo pelo perímetro tracejado) conseguem somente *conter* ou *atrasar* por maior ou menor tempo a mudança linguística (por isso, no desenho, elas estão representadas como setas bem menores do que as forças centrífugas). Elas jamais terão o poder de *impedir* totalmente nem (muito menos) para sempre essa mudança porque, sendo de natureza sociocognitiva, a mudança é muito mais poderosa do que qualquer outra força social institucionalizada. Ela pode levar séculos ou até milênios para ocorrer, mas sempre ocorreu e sempre ocorrerá.

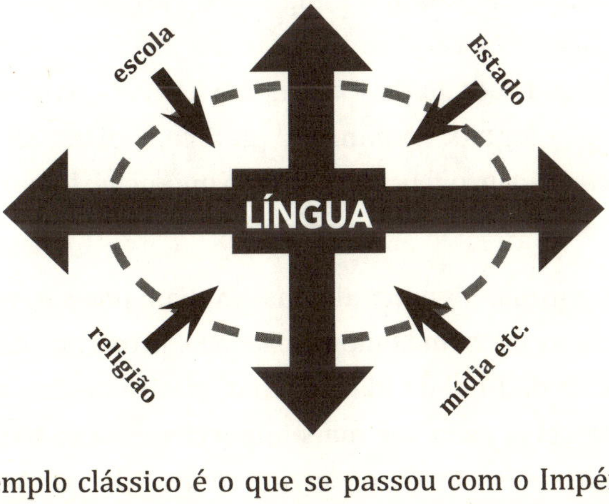

Um exemplo clássico é o que se passou com o Império Romano. Quando esse império entrou em colapso, no século V, a forte unidade institucional e, por conseguinte, linguística que o mantinha coeso desapareceu por completo. As antigas províncias romanas se tornaram muitos reinos independentes, controlados por uma classe dirigente de língua germânica. Até então, o chamado latim imperial tinha uma grande homogeneidade, porque os contatos e os intercâmbios entre Roma e suas províncias eram muito intensos. Depois de conquistada uma região, Roma a colonizava com agricultores vindos da Itália, os soldados que se aposentavam recebiam terras nessas províncias mais distantes, o poder central estabelecia órgãos administrativos, fundava escolas para a elite, designava magistrados e outros funcionários públicos, criava tribunais, impunha a religião oficial (com seu culto ao imperador deificado) etc. Qualquer pessoa que falasse latim teria como se comunicar nessa vasta área que ia de Portugal até a Itália, passando pela Espanha, Suíça e França atuais, e de lá por todo o norte da África (atuais Argélia, Líbia e Tunísia). (O chamado Império Romano do Oriente, que abrangia a Grécia, a atual Turquia, o Oriente Médio e o Egito, tinha o grego como língua oficial.)

Com o desmoronamento do poder centralizador de Roma e com o consequente desaparecimento de toda aquela enorme estrutura institucional, as antigas províncias ficaram isoladas umas das outras, não existiam mais forças centrípetas que as atraíssem em direção à unidade linguística, religiosa e cultural. Esse isolamento resultou no que bem sabemos: a transformação do latim imperial numa grande quantidade de línguas novas que, mais tarde, viriam a se tornar as línguas românicas (galego, português, asturiano, castelhano, catalão, provençal, francês, romanche, lombardo, vêneto, toscano, napolitano etc.).

Se, hoje em dia, algumas dessas línguas, por serem oficiais, se apresentam de forma bem homogênea em seus territórios nacionais, é porque, a partir do final da Idade Média, elas também foram sujeitas a forças centrípetas cada vez mais importantes, a começar pela unificação dos países em torno da figura central do rei. Assim, o latim se transformou em diversas línguas por causa das forças centrífugas impulsionadas pelo colapso do império. Por sua vez, as línguas românicas, em dado momento histórico, se viram sujeitas às forças centrípetas exercidas pelas novas realidades políticas e sociais. Quando, a partir do século XVI, elas passaram a ser oficialmente escritas e normatizadas pelos gramáticos, tiveram sua variação cerceada pelo surgimento de uma norma padronizada de cima para baixo. Como se vê, a história gosta mesmo de andar em ciclos!

2.2. Forças sociais centrífugas: a variação

O impacto da variação social sobre a mudança linguística foi o alvo principal das investigações realizadas pelo estadunidense **William Labov** na década de 1960 e que se tornaram estudos clássicos da metodologia sociolinguística. Sua intenção era provar que, para o estudo da mudança de uma língua, é imprescindível incluir na pesquisa a **dinâmica social** da comunidade em foco. Também era seu objetivo mostrar que é possível acompanhar uma mudança linguística em andamento, enquanto ela ocorre, ao contrário do que diziam os linguistas anteriores a ele, que argumentavam que a mudança operava tão lentamente, tão imperceptivelmente que era impossível acompanhá-la, a não ser comparando dois estágios da língua muito afastados no tempo.

A metodologia empregada por Labov mostrou que isso não era verdade. Se analisarmos, por exemplo, duas gerações de falantes da variedade portenha (de Buenos Aires) do espanhol argentino, uma mulher de 60 anos e sua neta de 20, podemos encontrar duas realizações diferentes para o dígrafo que se escreve LL como nas palavras *llorar, calle, caballo.* A avó pronunciará essa consoante como um som que para os ouvidos brasileiros vai soar como "jorar", "caje", "cabajo", como o nosso J de *jujuba.* A neta, por sua vez, vai pronunciar a consoante como o nosso X de *xaxado,* de modo que vamos ouvir algo como "xorar", "caxe", "cabaxo". No espaço de uma geração ocorreu uma mudança — em termos técnicos: o desvozeamento (ou ensurdecimento) da consoante palatal — e os falantes percebem isso porque é muito comum que as pessoas mais velhas façam comentários a respeito da fala "errada", "estranha" ou "feia" das mais novas. Com o passar do tempo, a forma nova vai se impor e vai perdurar, até que venha a sofrer a eventual concorrência de uma forma ainda mais nova. É assim que as línguas mudam.

2.2.1. Variação entre gerações

Esse tipo de **mudança intergeracional** (de uma geração para outra) ocorre em todos os níves da língua: na pronúncia, nas regras gramaticais, no significado das palavras, na criação de novas palavras etc. Assim, ao contrário de seus predecessores, que acreditavam que a mudança linguística ocorria numa linha reta em que cada segmento da reta era uma transformação imperceptível que se processava, Labov demonstrou empiricamente que é a **competição entre duas ou mais formas em variação** numa mesma época e num mesmo lugar que leva à vitória de uma delas, completando uma mudança que, mais adiante, pode sofrer nova concorrência e ser subjugada por uma nova transformação.

Podemos dizer que a língua é uma espécie de máquina do tempo, porque ela nos informa muito do que aconteceu no passado e do que pode vir a ocorrer no futuro. Algumas pessoas têm preferido usar outra imagem, a imagem da língua como um museu, que guarda relíquias de várias épocas históricas, enquanto vai recebendo novas contribuições da época atual: basta imaginar um museu ultramoderno, que usa a tecnologia mais avançada do raio *laser*, da informática e das células fotoelétricas para garantir a segurança de uma múmia egípcia de quatro mil anos de idade!

Todas essas comparações têm a intenção de despertar a nossa consciência para o fato de que nenhuma língua humana viva, em nenhum momento histórico, é um bloco compacto, homogêneo, pronto e acabado. A língua — como tudo mais no universo — não para, está sempre se transformando.

Durante muito tempo, no entanto, os estudiosos acreditaram que as línguas evoluíam e se transformavam, mais ou menos como acontece com o conhecido animal da figura abaixo.

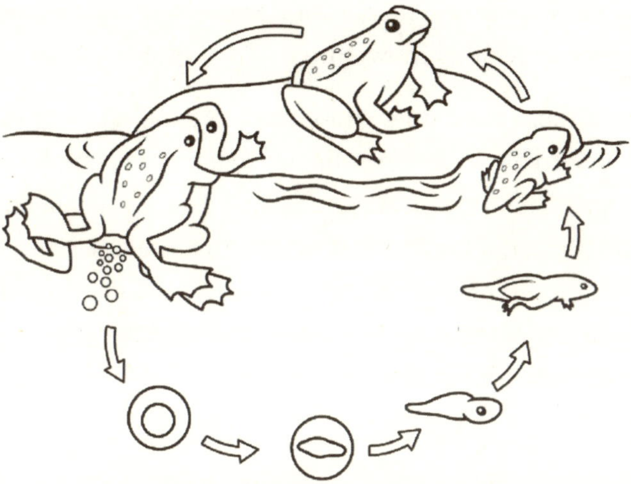

Figura 9: Metamorfose do sapo.

Um exemplo típico seria o da "evolução" da palavra latina que resultou no português moderno areia:

arena > arẽa > area > areia

Nessa maneira de ver a mudança linguística, as etapas de transformação se seguiriam umas às outras, por causa da evolução interna da língua, exatamente como as diferentes fases da metamorfose do girino se sucedem, de dentro para fora, sem interferência de fatores externos, mas apenas como efeito do desenvolvimento da estrutura biológica interna do bicho.

Nesse modelo, a língua era concebida como um sistema, que em cada período histórico apresentava uma homogeneidade interna. Alguma coisa dentro da própria língua, algum tipo de mecanismo interno do sistema, alguma espécie de "programa computacional", fazia primeiro o *n* de *arena* cair, transferindo sua nasalidade para a vogal anterior, *arẽa*, nasalidade que depois desaparecia, *area*, até o surgimento de uma semivogal que rompia o hiato: *areia*.

Esse tipo de explicação, no entanto, deixava de responder uma série de perguntas fundamentais: como e por que as línguas mudam?

Quais são os fatores que disparam e implementam as mudanças? De onde surgem as formas inovadoras?

Além disso, esse modelo do-girino-ao-sapo não levava em consideração um fato óbvio: como podemos dizer, por exemplo, que a forma *area* se transformou na forma *areia* e que esta é a forma do português atual se aqui mesmo no Brasil, neste exato momento, em pleno século XXI, existem milhares de pessoas que ainda usam a forma *area*? São falantes principalmente do Nordeste, uma região onde se conservam muitos traços da língua antiga.

Aquela representação, no entanto, cria a ilusão de que a mudança ocorre em etapas sucessivas, em que uma forma nova vai substituindo a anterior pela mera passagem do tempo, assim como um girino vai aos poucos se transformando em sapo.

A resposta para aquelas questões passou a ser esboçada somente na segunda metade do século XX, quando alguns pesquisadores começaram a insistir na necessidade incontornável de considerar a língua como um sistema essencialmente heterogêneo e variável, uma vez que era empregado numa sociedade igualmente heterogênea e variável. Foi assim que surgiu a disciplina chamada sociolinguística. Com isso, aqueles estudiosos queriam dizer que, num mesmo período da história de qualquer língua, convivem lado a lado formas conservadoras e formas inovadoras, porque toda e qualquer língua viva apresenta variação, ou seja, toda e qualquer língua vai dispor de formas variantes de se dizer a mesma coisa.

A forma *area* e a forma *areia* são variantes que convivem hoje no português brasileiro. Assim, somos obrigados a reformular o esquema anterior:

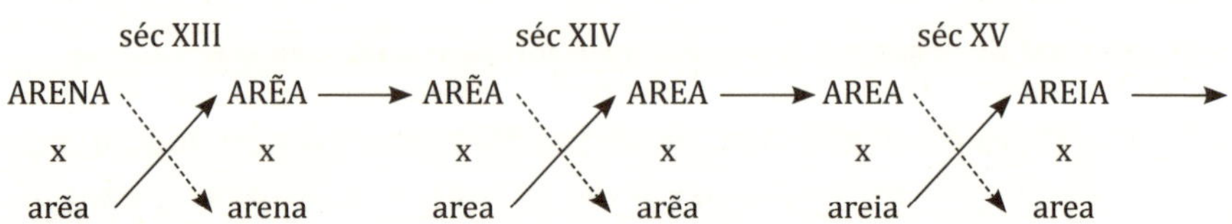

Em cada fase da mudança, a forma inovadora se torna majoritária no uso dos falantes daquela comunidade, enquanto a forma antiga sobrevive em grupos sociais mais isolados e/ou na fala dos mais idosos. Com o avanço do tempo, a forma mais antiga desaparece e a forma inovadora se impõe completamente, mas só para sofrer concorrência de outra forma inovadora, e assim por diante. No caso de *area/areia* a mudança ainda não se concluiu, já que ainda encontramos quem pronuncie *area*.

Outros processos de mudança, no entanto, eliminaram completamente a forma mais antiga, que não se encontra mais na fala de ninguém. Por exemplo, até por volta do século XV, o que se escrevia *ce*, *ci* e *ç* tinha a pronúncia [ts], como em *pizza*. Assim, o nome *Cícero* era pronunciado [tsítsero]. Naquela época, ninguém confundia *cinto* e *sinto*, porque cada palavra tinha uma primeira consoante com som diferente. Com o tempo, porém o [ts] se simplificou em [s] e hoje ninguém mais, nem em Portugal e muito menos no Brasil, pronuncia [tsítsero]. Essa foi uma mudança que se impôs completamente.

Cuco sim! Girino não!

O cuco é um pássaro europeu, conhecido por seus hábitos bizarros desde a Antiguidade. Nós não temos cucos no Brasil, mas muita gente conhece o relógio-cuco, em forma de casinha de onde sai um passarinho que grita cuco! de hora em hora. O cuco (*Cuculus canorus*) migra para o norte na primavera a fim de se reproduzir, e em abril o chamado característico do macho (que deu nome à própria espécie) pode ser ouvido em várias partes da Europa. Em maio, a fêmea começa a buscar ninhos adequados onde colocar seus ovos. A ave hospedeira que ela escolhe tem que ser de uma espécie comedora de insetos, e o cuco-fêmea sempre escolhe ninhos que pertencem a uma mesma espécie para pôr seus ovos, provavelmente a mesma espécie que a criou. Antes de colocar um ovo, ela remove do ninho um dos ovos da ave hospedeira. Ela pode colocar até doze ovos dessa maneira, cada qual num ninho diferente.

Mas os hábitos curiosos do cuco não param por aí. Depois que coloca seus ovos em ninhos de outras aves, a fêmea do cuco vai embora para sempre: ela jamais verá seus filhotes. O ovo que ela deixou no ninho geralmente eclode antes dos ovos da ave hospedeira. E é aí que ocorre um fato extraordinário: assim que sai do ovo, o filhote de cuco instintivamente começa a empurrar para fora do ninho os outros ovos, os ovos legítimos da ave hospedeira. Com isso, ele garante que o casal de pássaros que construiu o ninho cuide exclusivamente dele. É comum encontrar aves bem pequenas alimentando um filhote de cuco duas vezes maior do que elas!

Estamos falando tanto desse pássaro porque ele foi usado pelo sociolinguista estadunidense William Labov como uma comparação para os processos de mudança linguística. Ele criticou o modelo do-girino-ao-sapo que examinamos acima. No lugar desse modelo, Labov propôs a história do cuco.

Um forma nova surge na língua, não como resultado de transformações internas da forma antiga (ovo > girino > sapo), mas como uma inovação que aparece na fala de alguns indivíduos, de alguma região específica ou de alguma classe social. Se essa forma inovadora for assumida por cada vez mais falantes, atingindo todos os grupos sociais daquela comunidade, ela acaba expulsando do "ninho" da língua a forma antiga, como faz o filhote do cuco com os ovos da ave hospedeira.

2.2.2. Variação entre classes sociais

Além de ocorrer entre as gerações de falantes, a mudança se processa também através da **variação entre as classes sociais**. Os estudos sociolinguísticos mostram que em geral uma forma inovadora emerge na fala dos indivíduos das classes média baixa e baixa (D, E) e vai subindo na escala social até ser incorporada pelos falantes das camadas médias altas e altas (C, B, A). Quando ela se instala nesse último grupo social, o prestígio dos falantes se transfere para a inovação linguística, e a mudança se completa.

É muito comum que a forma inovadora, enquanto ainda está restrita aos falantes de menor prestígio social, sofra uma **avaliação** negativa por parte dos grupos socioeconômicos dominantes. Quando essa avaliação deixa de ser negativa, é porque parou de ser condenada como "erro" e se tornou plenamente aceita.

Vamos ver um caso exemplar dessa mudança de avaliação. No início do século XX, fizeram muito sucesso as crônicas sobre língua portuguesa publicadas em vários jornais lusitanos e brasileiros assinadas pelo português **Cândido de Figueiredo** (1846-1925). Essas crônicas foram reunidas numa coleção com o título *O que se não deve dizer*. Numa delas, ao tratar dos verbos *odiar* e *ansiar*, ele assim escreveu:

> A regra é clara: se a desinência infinitiva é *ear*, temos *passear, passeio, passeias*; *recear, receio, receias* etc. Se a desinência é *iar*, temos: *alumiar, alumio, alumias*; *assobiar, assobio, assobias* etc. Portanto, *odeia, anseia, negoceia* [...] são erros fonéticos, alguns dos quais tão enraizados já, que dificilmente a razão lhes poderá pôr a raiz ao sol. [...] Mas a mais comezinha probidade literária me leva a reconhecer e recomendar outras formas, as formas exactas: *remedía, odía, ansía, negocía* [...].
> Acresce que estas formas, embora o facto cause estranheza aos que mais escrevem do que leem, estão, na sua maioria, se não na totalidade, documentadas e abonadas pelos mais autênticos representantes da literatura portuguesa. [...]
> Chega-te aos bons, serás um deles.

A avaliação do autor é claramente negativa. Ora, o *Dicionário Houaiss*, em sua primeira edição (2001), no verbete *-iar*, traz as seguintes informações:

> -iar: terminação de v. da 1ª conj., contrasta com *-ear*, e tem número tb. considerável de v[erbos], mais de 400, sendo ainda relativamente fecunda; não apresenta a corregularidade de *-ear*, mas seus v., em grande maioria, seguem o padrão, tomado aqui como exemplo, de *assobiar*: *assobio, assobias, assobia, assobiamos, assobiais, assobiam*; *assobiava* etc.; [...] o que significa tratar-se de v. regular; há, entretanto, uns quantos — como *ansiar* e *odiar* — que cruzam as f[ormas] rizotônicas como se fossem em *-ear* (*anseio/odeio, anseias/odeias, anseia/odeia, anseiam/odeiam*, mas *ansiamos/odiamos, ansiais/odiais*, donde *anseie/odeie, anseies/odeies, anseie/odeie, anseiem/odeiem*, mas *ansiemos/odiemos, ansieis/odieis*) [...].

O que aconteceu então? As formas *odeio/anseio* devem ter surgido entre os falantes com menor acesso à tradição literária escrita, menos escolarizados e, pouco a pouco, foram subindo na escala social até serem plenamente aceitas pelos falantes mais letrados. Mais ou menos assim:

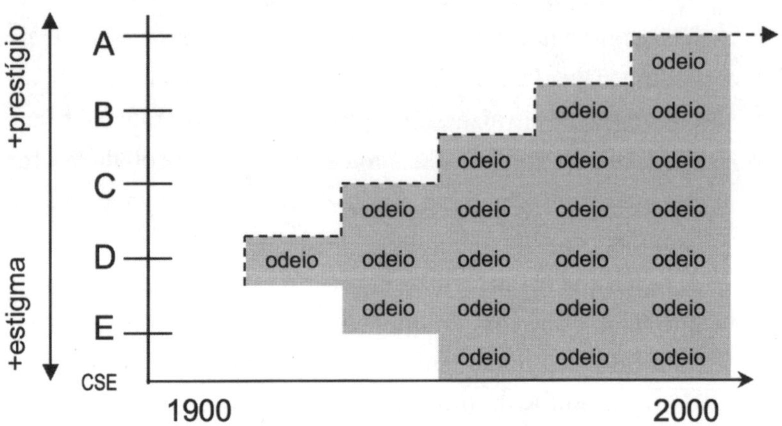

Evolução da aceitação social de odeio
(CSE = classe socioeconômica)

A forma *odeio* surgiu por **analogia** fonética com outros verbos com terminação *-ear* (pronunciada também [-iar]), e a analogia, como vamos ver logo adiante, é um poderoso fator de mudança linguística. Hoje em dia, como bem sabemos, muitas pessoas usam formas analógicas assim para outros verbos (*negociar, negoceio; remediar, remedeio; alumiar, alumeio* etc.). As pessoas mais letradas torcem o nariz porque, mais uma vez, essas formas analógicas vêm das camadas sociais menos prestigiadas. Mas quem garante que daqui a cinquenta anos todos os brasileiros urbanos e letrados não estarão conjugando esses verbos exatamente assim? Afinal, o mesmo Cândido de Figueiredo admite, naquela crônica: "Confesso que eu próprio, contagiado pelo vício geral, já terei dito ou escrito *odeia, remedeia*...". É fácil imaginar a dor profunda que ele teve de superar para fazer essa confissão!

Assim, o que antes era "vício geral" se tornou nada mais nada menos do que uma *regra da língua padrão*. Hoje em dia, quem disser "eu te odio" vai ser provavelmente alvo de muita risada...

2.3. Forças sociais centrífugas: o contato linguístico

Junto com a variação, o **contato linguístico** é outro fator social importantíssimo para a implementação das mudanças linguísticas. Os fatores sociocognitivos que permitem a dedução de tendências universais nas mudanças das línguas atuam em toda e qualquer comunidade, já que se vinculam ao processamento da linguagem no cérebro dos falantes e à construção conjunta da língua.

Assim, mesmo a língua falada por uma população muito isolada, sem contato com nenhuma outra sociedade — como tem sido o caso de muitas línguas indígenas brasileiras e de línguas faladas em outros lugares, como na Nova Guiné —, vai passar inevitavelmente por processos de mudança. O que ocorre em situações assim é que o **ritmo da mudança** é mais lento, mais gradual do que em sociedades mais complexas, sujeitas a interações frequentes com outras culturas, a convulsões sociais, e a todo tipo de contato direto ou virtual com outras sociedades.

Por isso, a noção romântica de um "dialeto puro", "intocado", falado em algum lugar remoto do país (como o mito cultural que existe nos Estados Unidos de que os habitantes das montanhas Apalaches "falam exatamente como Shakespeare escrevia", ou no Brasil de que o português mais "puro" é falado no Maranhão) não tem nenhum fundamento científico. Dessa forma, mesmo as comunidades brasileiras mais isoladas, embora apresentem traços conservadores em sua variedade linguística, também apresentam traços inovadores resultantes das inevitáveis mudanças (como o caso de *odeio* acima).

Quando uma população falante de uma língua A se vê constrangida a falar uma língua B diferente da sua — por emigração, conquista, banimento, colonização, escravização etc. —, o contato dessas duas línguas provocará mudanças principalmente na língua B, mudanças devidas a diversos fatores que se conjugam nesse processo, entre os quais a exposição mais ou menos intensa dos novos falantes à língua B, de modo que possam apreendê-la com maior ou menor grau de proficiência.

O tipo de constrangimento que leva uma população a tentar se apoderar de uma língua diferente também incide nos processos de mudança. O mais importante a ressaltar é que **o contato linguístico acelera o ritmo das mudanças** que, em outra situação, se processariam decerto mais lentamente. Dependendo da natureza desse contato, essas mudanças podem ser mais radicais ou menos radicais.

Quando um território habitado por um é invadido e conquistado por outro povo, é possível observar três tipos de situação:

(i) o povo conquistador impõe sua língua ao povo conquistado, que a adota e em pouco tempo abandona sua língua ancestral;
(ii) o povo conquistador adota a língua do conquistado e abandona sua língua ancestral;
(iii) o povo conquistador nem impõe sua língua nem adota a do povo conquistado, e as duas convivem lado a lado.

As línguas que se encontram em jogo nessas três situações distintas de seu *status* sociocultural e político recebem nos estudos histórico-linguísticos as seguintes classificações:

- **estrato** → é a língua do povo conquistador adotada pelo povo conquistado;
- **substrato** → é a língua do povo conquistado, que desaparece mas influencia o estrato nos níveis fonológico e morfossintático, com pouca contribuição lexical (vocabulário);
- **superestrato** → é a língua do povo conquistador, que não é imposta aos conquistados, mas deixa contribuições no estrato, basicamente no nível lexical;
- **adstrato** → é a língua do povo conquistador que não adota a língua dos conquistados nem impõe a sua; aqui também a contribuição ao estrato é basicamente lexical.

Essas três situações ocorreram na Península Ibérica ao longo de mais de 1.500 anos de história:

- **SÉCULO II A.C.** → Os romanos invadem a Península Ibérica, onde são faladas diversas línguas, ocupam a região e a colonizam. Impõem as leis, as instituições e a cultura romana e, junto com isso, sua língua, o latim. Em poucas gerações, as línguas dos antigos habitantes desaparecem, e o latim passa a ser falado em todo o território. O latim se transforma no estrato que recebe algumas influências dos **substratos** (principalmente as línguas do grupo celta faladas no que hoje é Portugal e Espanha). A transformação do grupo latino *-ct-* (como em *nocte-*, *octu-*, *pectu-* etc.) em *-it-* (*noite, oito, peito*) no português, no espanhol, no francês e nas línguas do norte da Itália é uma provável influência do substrato celta.
- **SÉCULO V D.C.** → Povos germânicos (visigodos, vândalos e suevos) conquistam a Península Ibérica. Aos poucos, abandonam suas línguas e adotam o latim. Durante algum tempo, as línguas germânicas formam um **superestrato**, que deixa contribuições

lexicais (palavras) no latim falado na região, mas que finalmente desaparece. A terminação *-es/-ez* dos sobrenomes em português e espanhol (*Álvares/Álvarez*; *Fernandes/Fernández*; *Soares/Suárez* etc.), além de diversas palavras de uso comum (*bando, bandeira, guerra, roubar, roupa* etc.) são contribuições do superestrato germânico.

° **ANO 711 D.C.** → Exércitos árabes invadem a Península Ibérica. Os novos governantes falam árabe e continuarão falando sua língua até 1492, quando é derrotado o último Estado muçulmano da Península. Durante todo esse longo período, o árabe e as línguas românicas conviverão lado a lado. Isso faz do árabe um **adstrato** com relação às línguas românicas. A contribuição árabe ao léxico do espanhol e do português é enorme: além das conhecidas palavras iniciadas com *al-* (*alfândega, algodão, almoxarife* etc.), também nos vieram do árabe *tarifa, tarefa, enxaqueca, cabide, laranja* etc.

Os casos mais comuns, no entanto, são os de *troca de língua*, quando uma população abandona sua língua ancestral e adota um novo idioma, o que ocorre depois de um período inicial de bilinguismo. Ninguém imagina, por exemplo, que os antigos habitantes da Península Ibérica passaram a falar latim de um dia para o outro. Foram necessárias algumas gerações para que as pessoas fossem deixando de falar as línguas de seus antepassados e só falassem a língua nova. Pense, por exemplo, nos imigrantes japoneses no Brasil, que chegaram por aqui em 1908. Cem anos depois, seus descendentes mais jovens praticamente só falam português e as gerações futuras certamente desconhecerão por completo o japonês ou dele só guardarão alguns vestígios pontuais.

De que forma a língua mais antiga, o substrato, influencia a língua nova que passa a ser falada num lugar? Podemos entender um pouco desse processo prestando atenção ao que ocorre quando uma pessoa ou um grupo de pessoas se muda para um país diferente do seu e tem de aprender e usar a língua do país anfitrião.

Se um falante argentino, por exemplo, se muda para o Brasil — e se não for uma pessoa especialmente dotada para falar línguas estrangeiras, que é o caso da maioria —, podemos esperar que ele pronuncie a palavra *casa* como *ca[ss]a* e não como *ca[z]a*, porque o som [z] não existe em sua língua. Também é muito provável que não faça uma distinção precisa entre [b] e [v] (que para nós é fundamental: *boa* e *voa*), porque no espanhol essas duas consoantes se confundem, com predominância de [b] mesmo nas palavras escritas com *v*, como *vivo*, que para nós soa parecido com "bibo". Que insira em seu modo de falar o português brasileiro características gramaticais próprias de sua língua, como o emprego de um pronome objeto indireto antes do aparecimento desse objeto ("Já *lhe* disse *a Pedro* que me esperasse") ou a inversão da ordem sujeito-verbo em orações adjetivas ("Não vi ainda o carro que *comprou Pedro*"), bem diferente do que fazemos em português brasileiro. E veja que estamos tratando aqui de duas línguas bem aparentadas. É fácil então imaginar o que ocorre quando as línguas são muito diferentes.

É isso que explica, então, as diferenças marcantes, por exemplo, entre as diversas línguas surgidas do latim imperial: português, galego, castelhano, catalão, francês, provençal, sardo, piemontês, lombardo, vêneto, toscano, napolitano, romeno etc. Em cada uma das regiões conquistadas por Roma, o latim passou a ser falado por povos que, antes, empregavam outras línguas e que transferiram hábitos linguísticos ancestrais à nova língua que passaram a falar.

As causas mais frequentes do contato linguístico são a conquista, a colonização, a escravização e a imigração em massa. Cada um desses fenômenos históricos é acompanhado de processos de mudança mais ou menos acelerados, conforme a intensidade dos contatos que se estabelecem.

Cada vez mais, por exemplo, os pesquisadores identificam traços gramaticais característicos do nosso português brasileiro que são devidos ao contato intenso ocorrido, no período colonial, entre a língua portuguesa e as línguas do grupo banto, trazidas para cá junto com os escravos africanos. Durante muito tempo, por causa do racismo muito entranhado na nossa sociedade, essas influências de substrato africano foram negadas ou menosprezadas. Hoje, porém, os estudos comparativos mostram que muitas características exclusivas da gramática do português brasileiro têm origem nesse contato com as línguas africanas.

3. Fatores sociocognitivos na mudança linguística

Conforme dissemos acima, a mudança linguística é um processo *sociocultural e sociocognitivo*, ou seja, um processo que tem origem na interação entre a dinâmica social da comunidade de fala e o processamento da língua no cérebro por parte dos indivíduos em interação sociocomunicativa. São três as forças sociocognitivas mais importantes na mudança linguística:

(i) a **economia linguística**;
(ii) a **gramaticalização**;
(iii) a **analogia**.

3.1. A economia linguística

Economia linguística é um termo que recobre uma variada gama de processos que se caracterizam por representar mecanismos de mudança que tentam reagir positivamente a dois impulsos:

(i) poupar a memória, o processamento mental e a realização física da língua, eliminando os aspectos redundantes e as articulações mais exigentes;
(ii) preencher lacunas na gramática da língua, de modo a torná-la mais eficiente como instrumento de interação sociocomunicativa.

Como se vê, a economia linguística *elimina*, de um lado, mas também *cria* ou *recria*, do outro. Por isso, não deve ser identificada com a célebre "lei do menor esforço" postulada pelos linguistas do século XIX, em correspondência com a ideologia romântica que vigorava na época. Infelizmente, essa ideia de "menor esforço" se impregnou no discurso do senso comum, e muita gente leiga recorre a ela quando quer explicar coisas que exigem uma abordagem mais refinada e profunda.

É preferível, atualmente, afirmar que existem tendências que pressionam as línguas de maneira inevitável por causa da **configuração articulatória, fisiológica e psicológica** da espécie humana. Já vimos um exemplo disso ao falar, mais acima, da tendência que as línguas apresentam na direção da sílaba "ideal" CV-CV.

3.1.1. A economia linguística na articulação

São muitos os processos conhecidos de economia linguística no plano articulatório, vários deles muito importantes na história das línguas. Vamos citar aqui apenas alguns para ilustração.

- **ASSIMILAÇÃO** → atração de um determinado som sobre outro, de modo a torná-lo semelhante ao primeiro. Um caso frequentíssimo é o da transformação do ditongo latino [au] em [o] nas diferentes línguas românicas:

PAUPER >
pòvero (italiano)
pauvre [povrə] (francês)
pobre (catalão, castelhano, galego, português)

- **DISSIMILAÇÃO** → é o oposto da assimilação e resulta na *distinção* de dois sons muito próximos para que não se confundam. Um caso conhecido de dissimilação é o do ditongo escrito *eu* em alemão, como no nome do dr. Freud, pronunciado *fróid*. Como o [e] e o [u] fechados correm o risco de se confundir, os falantes aos poucos foram modificando os sons do ditongo até deixá-los bem diferentes um do outro: *ói*. A escrita, como é frequente, não acompanhou a mudança da fala. O mesmo se passou em português europeu, onde o ditongo escrito *ei* se transformou em algo parecido com "âi", como em *leite, peixe, jeito,* que para nossos ouvidos brasileiros soam como "lâite", "pâixe", "jâito". Essa mesma transformação se deu, de novo, em alemão, e é por isso que o nome de Einstein se pronuncia "ainštain".

- **EPÊNTESE** → é a inserção de um fonema no interior de uma palavra, de modo a facilitar a articulação. O latim *blatta* nos deu *barata,* e *planu-* nos deu *porão.* A epêntese que elimina hiatos pela inserção de uma semivogal que facilita a transição entre as duas sílabas foi extremamente produtiva na história da nossa língua:

arena	>	*arẽa*	>	*area*	>	*areia*
foedu-	>	*feo*	>	*feio*		
plenu-	>	*chẽo*	>	*cheo*	>	*cheio*
senu-	>	*sẽo*	>	*seo*	>	*seio*
vinu-	>	*vĩo*	>	*vinho*		

- **HAPLOLOGIA** → é a eliminação de um segmento sonoro quando vem repetido numa palavra. Um caso conhecido é o da eliminação de um /r/ nas palavras que têm dois: no castelhano, algumas formas com essa dissimilação integram a norma-padrão da língua, como *propio* e *orquesta,* o mesmo valendo para a palavra *registo* e *rasto* em português europeu. No Brasil, essas pronúncias são malvistas pelos letrados, muito embora sejam frequentes também nas variedades urbanas cultas ("frustado", "prostado", "fragância", "pertubação" etc.). O latim *rostro* nos deu *rosto.*

- **CRASE** → é a fusão de duas vogais semelhantes numa só. Na história da formação do português, ocorreu um grande número de crases. Como muitas consoantes latinas que apareciam entre vogais sofreram síncope ("caíram"), essas quedas deram origem a muitos hiatos formados por vogais semelhantes. Num primeiro momento, essa vogais eram pronunciadas em sílabas distintas. Mais adiante, elas se fundiram numa só, facilitando a articulação pela eliminação do hiato:

colore > coor > cor
colubra > coobra > cobra
credere > creer > crer
diabolu- > diaboo > diabo
dolore- > door > dor
lana > lãa > lã
legere > leer > ler
nudu > nuu > nu
pala > páa > pá
pede- > pee > pé
populu- > poboo > povo
sedere > seer > ser
tenere > teer > ter

3.1.2. A economia linguística na morfossintaxe

Os fenômenos de economia linguística não se restringem à fonologia, isto é, à pronúncia, mas ocorrem também intensamente no plano da **morfossintaxe**. Aqui, o principal mecanismo cognitivo é o que opera com a **eliminação das redundâncias**. Esse princípio de economia linguística pode ser enunciado assim: *se determinada categoria sintática já vem expressa num elemento do sintagma, não precisa ser expressa nos demais*. Vamos ver como ele opera.

O principal campo de ação desse princípio é o da **concordância**. Por exemplo, no domínio da *concordância verbal*, podemos representar o princípio <evite redundância> na fórmula:

$$\frac{+\text{ morfologia verbal}}{-\text{ índice pessoal-sujeito}} \quad :: \quad \frac{-\text{ morfologia verbal}}{+\text{ índice pessoal-sujeito}}$$

Isso significa que, se a língua tem uma morfologia verbal em que o sujeito do verbo já vem expresso pela flexão, o pronome-sujeito é dispensável e dispensado. Em latim clássico era esse o caso:

am**o**
ama**s**
ama**t**
ama**mus**
ama**tis**
ama**nt**

Por isso, nos textos latinos, é muito raro encontrar os pronomes pessoais do caso reto (*ego, tu, nos, vos*) junto aos verbos.

A eliminação da redundância no caso da concordância verbal é bastante clara: em vez de indicar a pessoa *duas vezes*, com o pronome pessoal e com a flexão, o princípio da economia linguística se aplica, restringindo a indicação morfológica somente a um dos elementos. É o caso do inglês, por exemplo: nessa língua, o verbo vem sempre, obrigatoriamente, precedido de seu pronome-sujeito, porque a simples forma verbal não nos diz quem "pratica" a ação. Quando o verbo está no presente, ainda existe um *-s* na chamada 3ª pessoa do singular (*he/she loves*), mas no passado, a forma verbal é idêntica para todas as pessoas: *loved*.

Em francês, esse fenômeno é mais notável na **concordância nominal**. Só os artigos (ou outras palavras chamadas *determinantes*) podem nos dizer se a palavra está no singular ou no plural, porque o *-s* característico do plural, apesar de continuar sendo escrito, *nunca* é pronunciado:

Le petit chat noir ronronnait	*Les petits chats noirs roronnaient*
"O gatinho preto ronronava"	"Os gatinhos pretos ronronavam"

A única diferença entre essas duas frases, muito sutil para os nossos ouvidos, está no artigo, que no singular se pronuncia [lə], com uma vogal que não temos no português brasileiro, e no plural se pronuncia [le]. O verbo também, apesar das diferenças escritas, têm a mesmíssima pronúncia no singular e no plural, algo como "ronro-né". Pense agora nos milhões de brasileiros que dizem coisas como: "Aqueles menino falava pelos cotovelo!". Não é muito mais interessante perceber aqui os mesmos fenômenos de mudança que ocorreram no inglês e no francês, em vez de dizer que "dói no ouvido" ou que é fala de "gente ignorante"?

A economia linguística também aparece na oposição *análise* x *síntese*. Uma forma sintética, por exemplo, é *viajarei*, numa só palavra, enquanto *vou viajar*, em duas, é uma forma analítica. Uma frase latina simples como *eo rur*, ao ser traduzida em português, ficaria "vou para o campo". Em francês, língua em que o pronome-sujeito é obrigatório, ficaria: *Je vais à la campagne*, ou seja, cinco palavras para traduzir duas.

Essa tendência apresenta ritmos diferentes em cada língua, como sempre acontece. Nas línguas eslavas (russo, polonês, tcheco, búlgaro etc.), as formas sintéticas ainda estão muito vivas, com sistemas de declinação e casos sintáticos em pleno uso. Em russo, por exemplo, a palavra "trabalho", dependendo da função sintática e do número, pode ser *rabóta, rabóty, rabóte, rabótoi, rabótam, rabótami, rabótakh* etc. Em inglês moderno, o único caso que sobreviveu foi o genitivo, expresso com a terminação *'s* (*Peter's car*, "o carro de Pedro"). Nas línguas românicas, os últimos resquícios da declinação latina se encontram nos pronomes pessoais, como em português *eu* (sujeito), *me* (objeto), *mim* (complemento oblíquo). Mesmo assim, como bem sabemos, em muitas variedades do português brasileiro, existe uma única forma *eu* para todos os casos sintáticos: *eu vi, leva eu, mostra pra eu.*

Outra vitória da análise sobre a síntese está na formação dos tempos verbais. Em diversas línguas, os tempos simples (*pagarei*) estão sendo substituídos por tempos compostos, analíticos (*vou pagar*). No português brasileiro, além do quase total desaparecimento do futuro simples na língua falada, também presenciamos o abandono completo do pretérito-mais-que-perfeito simples (*chegara*) por seu equivalente composto (*tinha chegado*). No italiano, no francês e no espanhol só se emprega o composto, tanto na língua falada quanto na escrita mais formal. Em italiano, francês, alemão e outras línguas, o pretérito perfeito simples desapareceu da língua falada, substituído por uma forma composta de auxiliar + particípio passado. Em espanhol, a forma simples e a composta são usadas indiferentemente ou conforme a variedade regional. Só o português conserva ainda uma diferença bem nítida entre *viajei* e *tenho viajado*, que se perdeu nas outras línguas (mas, como sempre, foi compensada de outra maneira).

Por que as formas analíticas representam um caso de economia linguística? Porque elas "ocupam" menos memória no nosso "disco rígido" linguístico. É muito mais cômodo memorizar a conjugação do auxiliar, que vai ser sempre a mesma, e o particípio passado (que é predominantemente regular) do que memorizar os radicais e as terminações próprias de cada pessoa em cada tempo verbal.

Em italiano, por exemplo, existem quatro conjugações verbais diferentes (herança direta das quatro conjugações do latim), cada qual com suas formas específicas do *passato remoto* (nosso pretérito perfeito):

I	**II**	**III**	**IV**
parlare	**vedere**	**vívere**	**dormire**
'falar'	*'ver'*	*'viver'*	*'dormir'*
parlai	vidi	vissi	dormii
parlasti	vedesti	vivesti	dormisti
parlò	vide	visse	dormì
parlammo	vedemmo	vivemmo	dormimmo
parlaste	vedeste	viveste	dormiste
parlarono	videro	vissero	dormirono

Então, em lugar de ter de memorizar todas as terminações e, também, as alterações dos radicais (*vid-/ved-* ou *viss-/viv-*), basta conhecer o verbo auxiliar (*avere* ou *éssere*, conforme o verbo) e o particípio passado:

ho
hai
ha
abbiamo
avete
hanno

parlato
visto
vissuto
dormito

No caso dos nomes, também se poupa memória ao abandonar as muitas terminações que eles podem assumir (em latim, por exemplo, elas chegam a várias dezenas!) e compensá-las com outras estratégias econômicas como a ordem fixa das palavras na frase (com o sujeito em primeiro lugar, seguido do verbo, do objeto direto e do objeto indireto: *Ana | emprestou | o carro | a Dóris*) e o uso de preposições (como *a/para* para o objeto indireto, *de* para o complemento genitivo etc.). Para identificar o número e o gênero dos nomes, surgiram os artigos. E é assim que todas as línguas derivadas do latim (e também o inglês, além de muitas outras línguas) se apresentam hoje.

É sempre bom insistir: os falantes não são "preguiçosos", "descuidados com a língua" ou "desmazelados". Essa é uma visão tradicional e preconceituosa, que impera no senso comum há muitos séculos. É uma opinião negativa sobre a mudança linguística que não tem lugar numa perspectiva séria, científica e teoricamente bem fundada.

3.1.3. A economia linguística também é lucro

Como já tínhamos alertado, a economia linguística não deve ser confundida com a "lei do menor esforço", uma noção que acabou por se popularizar entre os não especialistas. Além dos casos já vistos de *perdas*, a economia linguística também é responsável por *ganhos*. O linguista estadunidense **Edward Sapir** dizia que "toda língua tem goteiras", isto é, toda língua apresenta alguma falha ou deficiência que os falantes logo tratam de reparar.

Um bom exemplo é o caso do possessivo *seu* (e flexões). Teoricamente, ele pode se referir a *você, ele, ela, vocês, eles, elas*, de modo que, também teoricamente, numa pergunta como *Você e o Daniel vieram no seu carro?*, o *seu* poderia ser interpretado como "o carro que pertence a você" ou "o carro que pertence a Daniel". Como se sabe, essa ambiguidade foi resolvida com a delimitação de *seu/sua/seus/suas* àquilo que se refere a *você* (mas não a *vocês*), enquanto para a 3ª pessoa reservamos as contrações *dele/dela/deles/delas*. Para o plural *vocês*, no mesmo espírito de evitar ambiguidade, usamos a locução *de vocês*, de modo que perguntamos a uma pessoa: *Esse carro é seu?*, mas para duas pessoas: *Esse carro é de vocês?* Em algumas variedades do português brasileiro, como em Minas Gerais e Goiás, é comum o uso do plural *seus* para se referir a *vocês*: *Esse carro é seus?*, um uso desconhecido nas demais regiões brasileiras.

O mesmo se deu em inglês. Nessa língua, a forma *you* pode ser singular ou plural. Como saber se a pessoa está se referindo só a um "você" ou a mais de um "vocês"? Surgiram diversas estratégias: *you guys* (literalmente: "vocês, rapazes"), *you people* ("vocês, pessoas"), *you all* ("vocês todos") e até mesmo *yous* ou *youse*.

É preciso ressaltar que na economia linguística não são eliminadas distinções importantes ou, quando isso ocorre, também ocorre um processo de *compensação* para que não haja perturbação na função sociocomunicativa da língua. Por exemplo, no português brasileiro, desapareceu a distinção entre *este* e *esse*. O demonstrativo *este* sobrevive apenas na língua escrita, e olhe lá. O desaparecimento de *este* se deve a um processo de assimilação, como os que vimos acima: o grupo *-st-* se transformou em *-ss-*. Para compensar essa perda, nós, falantes, passamos a empregar *esse* acompanhado de advérbios de lugar: *esse aqui/esse aí*, recuperando a propriedade que o demonstrativo tem de "apontar" para o objeto. Essa combinação de demonstrativo com advérbio de lugar também se verifica em muitas outras línguas (francês, catalão, alemão, para citar só essas).

Em latim não existiam *artigos definidos* nem *pronomes de 3ª pessoa*. Hoje, todas as línguas descendentes do latim apresentam esses conjuntos de palavrinhas, que consideramos tão importantes (*o, a, os, as, ele, ela, eles, elas*). Assim, se, por um lado, muita coisa do latim se perdeu com o tempo, outro tanto também se ganhou. Economia é isso: a compensação das perdas pelos ganhos, dos prejuízos pelos lucros.

3.2. Gramaticalização

A gramaticalização é o nome que se dá a diversos e diferentes processos que vão alterando pouco a pouco a *gramática* da língua.

Esses processos, é claro, são executados pelos falantes da língua, pela intensidade do *uso* que eles fazem da língua em suas interações sociais. Nós estamos sempre, por assim dizer, "insatisfeitos" com os recursos que a língua nos oferece, queremos sempre dizer determinadas coisas com mais ênfase, com mais clareza, de uma maneira diferente, original, inédita, e é por isso que novas formas linguísticas vão surgindo. Quando essas inovações "pegam", ou seja, quando são aceitas por toda a comunidade de falantes, a frequência e a intensidade dos usos fazem com que elas se cristalizem, se *gramaticalizem*, se transformem em elementos da gramática, num ciclo ininterrupto. Vimos isso na primeira parte do livro, quando examinamos a transformação do advérbio latino *magis* no nosso advérbio *mais* e, daí, na conjunção adversativa *mas*. De tanto os falantes usarem *mais* com a ideia de oposição, contraste etc., o advérbio acabou se convertendo numa palavra de outra classe gramatical, numa conjunção coordenativa, que une duas orações independentes.

Podemos dizer, então, que o *uso* provoca transformações na *gramática*, ao mesmo tempo em que a *gramática* oferece aos falantes os recursos para que possam *usar* a língua e transformá-la – ou seja, *uso* e *gramática* já trazem, um dentro do outro, os embriões da mudança linguística, fazendo com que o uso se transforme em gramática e vice-versa, num processo de *reciclagem* ininterrupto:

Alguns exemplos deixam bem claro esse processo.

Você sem dúvida sabe que em espanhol o pronome pessoal equivalente ao *nós* do português é *nosotros*. Em latim era *nos*, em italiano e em romeno é *noi*, em francês é *nous*. No espanhol antigo também era *nos*. Por que hoje em dia se diz *nosotros* (e também *vosotros*, "vós")? Certamente, por desejo de ênfase, as pessoas começaram a acrescentar *otros* ("outros") ao pronome *nos*. Esse uso, que inicialmente era enfático e bem marcado, acabou se tornando tão comum, tão banal, que perdeu seu caráter enfático inicial e se transformou num mero pronome. Hoje, quando os falantes de espanhol dizem *nosotros*, não querem dar nenhuma força especial ao pronome, nem se lembram que ali dentro está a palavra *otros*: apenas usam o que já se cristalizou na língua há séculos.

Outro exemplo, também muito interessante, é o da negação dos verbos em inglês: em lugar de usarem um simples advérbio de negação, como ocorre em tantas outras línguas, os falantes de inglês usam o verbo *do* ("fazer") seguido do advérbio de negação *not*. Assim, enquanto em português dizemos *"eu não como peixe"*, em inglês se diz *"I don't eat fish"*. O motivo é o mesmo do espanhol *nosotros*: inicialmente, havia uma ênfase em dizer *I do not eat fish* (literalmente: "eu não faço comer peixe"), como se a pessoa quisesse dizer "comer peixe é coisa que eu não faço". Com a intensificação do uso, a construção se gramaticalizou, de modo que hoje ninguém, ao falar inglês, se lembra de estar dizendo que "não faz" alguma coisa – o *do not* virou um simples "não", e o que antes era uma oração completa (*I do not*) virou uma palavra só, *don't*, de função adverbial.

Se o *nosotros* do espanhol chama a nossa atenção, os falantes de espanhol também devem achar no mínimo curioso que nós, em português, empreguemos *a gente* para dizer "nós". Afinal, *a gente* é, etimologicamente, "os outros", "as pessoas", "o povo", ou seja, teoricamente, uma expressão que não inclui quem está falando... só que inclui! O processo é ainda mais supreendente do que o que ocorreu com *nosotros*, porque uma forma linguística que designava uma "3ª pessoa coletiva indeterminada" passou a designar *eu e você, eu e todo mundo, nós*. Quem sabe, num primeiro momento, os falantes usavam *a gente* como uma expressão de modéstia, para não dar destaque a si mesmos, para se incluir no meio de todos: "A gente [= *o povo em geral, no qual me incluo, modestamente*] faz o que pode". Aos poucos, a modéstia foi sendo esquecida, e a expressão *a gente* passou a se referir exclusivamente a *nós*. A força do novo significado é tamanha que muitos falantes acabam conjugando o verbo na 1ª pessoa do plural (*A gente vamos*), coisa que no Brasil é vista com péssimos olhos, mas que em Portugal passa bem despercebida, tão geral se tornou. Mais uma vez: quem de nós, ao usar *a gente*, se lembra que *gente* não tem nada a ver com *nós*?

Os exemplos poderiam se multiplicar indefinidamente. O importante, porém, é perceber que, nesses casos de *gramaticalização*, o que ocorreu foi o gradual congelamento e consequente enfraquecimento de uma **metáfora**. De tanto ser usada, ela ficou gasta, "batida", perdeu seu caráter de novidade, de ênfase, e se transformou num mero elemento gramatical. É esse processo que explica muitas e muitas mudanças ocorridas na língua (em todas as línguas humanas), a tal ponto que um estudioso descreveu a língua como "um recife de metáforas mortas"[3], isto é, um conjunto de antigas formas inovadoras que, carregadas pelo uso constante, acabam se acumulando umas sobre as outras para formar a gramática da língua. No entanto, assim como é ininterrupto o movimento das marés, também é ininterrupto o processo que faz surgir novas formas linguísticas que, de tanto "rolar" pelo rio do uso, acabam sendo carregadas para o mar e se acumulam no "recife" da gramática, ao mesmo tempo em que outras inovações já começam a despontar.

---

[3] Guy Deutscher, *The Unfolding of Language*. Nova York: Metropolitan Books, 2005, p. 115.

3.2.1. No mundo da metáfora

O próprio uso que fazemos da palavra *metáfora* é... metafórico. Em grego, *metaphorá* significa "transporte para outro lugar", no sentido mais concreto, tanto que os caminhões de mudança na Grécia moderna trazem a palavra ΜΕΤΑΦΟΡΕΣ (METAFORES) estampada em grandes letras coloridas. Os romanos traduziram o verbo grego *metaphorein* por *transferire*, com o mesmo significado, inicialmente concreto, de "levar para outro lugar". Como é que a metáfora opera na mudança linguística? Assim:

(I) **Do concreto para o abstrato:** palavras que originalmente tinham um sentido exclusivamente concreto assumiram sentidos abstratos ao longo do tempo, a ponto de só serem usadas assim na atualidade:

(a) CASO → em latim, *casu-* é o particípio passado do verbo *cadere*, 'cair', portanto, equivale a 'caído'. De algo concreto que realmente cai por força da gravidade, passou a significar algo que ocorre, que acontece, algo que "cai" nas nossas vidas. O termo foi usado, já em latim, para designar as diferentes formas que uma palavra podia assumir segundo a função sintática que exercia na frase, porque, nessa visão metafórica, a palavra "caía" de sua função mais importante, a de sujeito, para funções menos importantes. Por isso, se falava em "declinação", ou seja, em queda progressiva. A extensão de sentidos foi ainda mais longe: hoje se pode dizer que alguém "está de caso" com outra pessoa, sem que a ideia de "cair" nem de longe esteja no pensamento de quem fala.

(b) CHEGAR → do latim *plicare*, 'dobrar', de *plica*, 'prega, dobra'. Supõe-se que o verbo remeta à prática de se dobrar as velas dos navios ao se chegar no porto. O italiano *arrivare* e o francês *arriver*, que traduzimos por 'chegar', derivam de *ad + ripa*, 'margem de rio', e também revelam uma metáfora náutica:

chegar à margem, atracar na costa. É o mesmo sentido de *abordar*, 'chegar à borda'.

(c) DELIRAR → do latim *delirare*, 'escapar do sulco aberto pelo arado' e daí para 'desviar-se do caminho' e 'tresvariar'.

(d) ESTAR → em latim, *stare* era 'estar de pé'. Daí, por extensão de sentido, algo que pode se mover, que não é permanente. Da diferença entre 'estar sentado' e 'estar de pé' é que provém a distinção que fazemos entre *ser* e *estar* quando dizemos que uma pessoa *é* doente ou que *está* doente.

(e) PENSAR → em latim, *pensare* era 'avaliar o peso' de alguma coisa. Para o nosso sentido de 'pensar', se dizia *cogitare* em latim. Hoje só empregamos o verbo no sentido abstrato de 'submeter algo ao processo de raciocínio lógico'.

(f) QUERER → em latim, *quaerere* era 'buscar uma coisa, procurá--la'. Para o nosso sentido de 'querer', se usava em latim o verbo *uelle*. Do particípio passado de *quaerere*, *quaestu-*, deriva a palavra *quaestione-*, 'busca, procura', de onde se originou *questão*.

(g) SABER → em latim, *sapere* significava 'ter gosto de, ter sabor de'. Para a nossa ideia de 'saber', o latim usava *scire* (de onde vem *scientia*, 'ciência'). Observe que a palavra *sabor* guarda semelhança com o verbo *saber*, e não é por acaso.

(h) SER → em latim, o verbo *sedere*, origem do nosso *ser*, significava 'estar sentado'. Daí provém *sede*, 'o assento', que também está na origem de *sé*, 'a cadeira do bispo', *sedentário*, 'aquele que está sempre sentado' etc. O verbo 'ser' em latim era *esse*.

(i) TER → em latim, o verbo *tenere*, origem do nosso *ter*, significava 'segurar com a mão'. Para a ideia de posse, os falantes de latim usavam *habere*, origem do nosso *haver*, que também, como se vê, passou a ser usado abstratamente.

(II) **Do espaço para o tempo:** palavras que, inicialmente, indicavam *situação física concreta* passaram a designar *situação imaginária, abstrata, tempo*, e daí para *situação dentro do discurso*:

(a) logo → do latim *locu*, 'lugar'. Hoje em dia só empregamos essa palavra com sentido temporal: momento imediato, sem demora (*Faça logo o que estou mandando*); algum momento não muito distante do da fala (*Te encontro logo mais no cinema*). A abstratização foi mais longe e também empregamos *logo* com o sentido de 'justamente', 'ainda por cima': *Você foi emprestar seu carro logo para o Vicente, aquele irresponsável?*; e também com o sentido de 'portanto', 'em consequência': *Penso, logo existo.*

(b) ir → o verbo *ir* tem um significado primário de "deslocamento no espaço": *Vou para São Paulo de carro.* No entanto, como os falantes de todas as línguas já sabiam milênios antes da teoria da relatividade de Einstein, todo deslocamento no espaço também é um deslocamento no tempo. Por isso, em muitíssimas línguas, o verbo *ir* também passou a ser empregado com o sentido de "deslocamento temporal", para indicar o futuro: *Vou trabalhar até as 11 da noite hoje.* Isso transformou o verbo *ir* num auxiliar para a formação do futuro. Por isso, ele pode ser usado até mesmo com verbos que têm o significado oposto de *ir*: *vou ficar; vou voltar; vou parar* etc. Por isso, apesar do patrulhamento, é perfeitamente legítimo dizer coisas como *vou ir, vou vir*, porque nesses casos o *vou* é uma mera partícula de indicação temporal. Nas línguas que usam *ir* + infinitivo para formar o futuro, ninguém se espanta com "vou ir" ou "vou vir" (como em inglês, francês, espanhol etc.).

(III) Do mundo empírico para o mundo do discurso: palavras que inicialmente se referem a elementos do mundo real passam a servir como organizadores do fluxo discursivo. Esse fenômeno recebe o nome de **discursivização**:

(a) AÍ → nas narrativas orais, o advérbio *aí*, usado originalmente para indicar o espaço físico próximo da pessoa com quem se fala, é empregado para expressar o desdobramento dos fatos narrados: "Ontem eu encontrei o João na barbearia e a gente ficou conversando. *Aí*, chegou o irmão dele e começou a brigar comigo. *Aí*, o João tentou me defender e levou um soco do irmão. *Aí*, o barbeiro ameaçou chamar a polícia".

(IV) Do léxico para a gramática: é o caso clássico de gramaticalização, considerado por muitos linguistas como a gramaticalização por excelência. A interação entre esses dois componentes da língua é íntima e complexa, não admitindo uma divisão nítida (aliás, se essa divisão existisse, o próprio fenômeno da gramaticalização não ocorreria). Nesse processo, uma palavra autônoma se transforma num elemento gramatical, a ponto de se tornar um morfema preso e se transformar em regra obrigatória — ou seja, palavras que tinham liberdade e autonomia na estruturação sintática, além de precisão semântica, se transformam em elementos gramaticais, com lugares predeterminados para ocupar e com semântica fraca, atenuada. Quando uma palavra autônoma se transforma em item gramatical, além de ter sua semântica atenuada e de se fixar em lugares precisos na morfossintaxe, ela também sofre *erosão fonética*, isto é, perde material sonoro devido a seu uso intenso, como nos casos abaixo:

(a) CADÊ → esse pronome interrogativo tem sua origem em *que é de?*, com o sentido de *que é feito de x?* Ao se gramaticalizar, ele assumiu outras formas, além de *cadê*: *quedê* e *quede*.

Processo semelhante ocorreu em latim: a locução *quo modo* ('de que modo') se aglutinou em *quomodo* e está na origem das formas *come* (italiano), *comme* (francês), *como* (galego, castelhano, português).

(b) CÊ → o pronome *cê*, usado como pronome-sujeito no português brasileiro, deriva da conhecida sequência de erosões fonéticas: *Vossa Mercê* < *vossemecê* > *vosmecê* > *você* > *ocê* > *cê*. O pronome *usted* do espanhol tem a mesma origem: *Vuestra Merced* e também passou por uma série de formas reduzidas até chegar à forma atual. A diferença é que *usted* ainda guarda sua origem de tratamento respeitoso, ao passo que *você* se tornou para nós o pronome usado para indicar a maior intimidade entre as pessoas.

(c) EMBORA → de *em boa hora*, uma locução que se transformou em conjunção, advérbio, preposição.

(d) PELO AMOR DE → essa expressão do português clássico, já gramaticalizada (a palavra *amor* aí perdeu seu sentido original), se transformou em preposição em diversas variedades do português brasileiro. Nesse processo, ela sofreu erosão fonética e assumiu diversas formas: *pramode, prumode, pormode, mode* etc.

(e) TÁ → o verbo *estar* é dos mais empregados na língua, junto com *ser* e *ter*. Além de em seu sentido pleno, também é amplamente usado como auxiliar, ou seja, como partícula gramatical, e como marcador conversacional (*tag question* no final de enunciados: "Me espera um minutinho aí, tá?"). Assim, na fala espontânea, seu infinitivo se reduz a *tá*, erosão fonética que também atinge sua conjugação nos tempos usados com maior frequência: *eu tô, cê tá, eu tive, eu tava*. Com isso, ele se torna monossilábico no infinitivo, uma característica dos verbos mais usados na língua (e em todas as línguas do mundo): *ser, ter, dar, ver, vir, ir.* O verbo *fazer,* de amplíssimo emprego, não passou por essa erosão em seu infinitivo, mas as formas conjugadas mais frequentes, *faz, fez, fiz,* são monossilábicas.

(f) TCHAU → essa palavra que nos parece hoje tão brasileira é de origem italiana: *ciao.* Na Itália, ao contrário do que ocorre no Brasil, ela é usada como saudação no encontro e não na despedida, como entre nós. Sua origem é a palavra *schiao,* do dialeto veneziano, com o significado de 'escravo'. *Schiao* foi o que sobrou de uma oração completa: 'eu sou seu escravo', isto é, 'estou a seus serviços'.

(g) XOVÊ → de *deixa eu ver.* Essa locução, quase sempre imperativa, é de uso muito frequente entre nós, o que ocasionou sua erosão fonética. Coisa semelhante ocorreu em francês, onde a oração *je ne sais pas* ('eu não sei') se reduz, na fala corrente, a [ʃe'pa], assim como *je suis* ('sou'/'estou') se reduz a [ʃɥi]. Em inglês americano corrente, orações como *I am going to, I have got to, I want to* se reduzem a *I'm gonna, I gotta, I wanna.*

(h) Do substantivo latino *mente-* ('mente') se formou, nas línguas românicas, o sufixo *-mente,* usado na formação de advérbios de modo. Em latim vulgar, fazer algo *bona mente* significava, originalmente fazer algo 'com boa disposição, de boa vontade', fazer algo *forte mente,* 'com decisão de espírito'. No processo de gramaticalização, a palavra perdeu sua autonomia lexical e se transformou num morfema preso. Essa origem explica por que, na formação desses advérbios, a forma do adjetivo deve estar no feminino, já que a palavra mente é feminina. Também esclarece por que, nas sequências de advérbios de modo, é possível eliminar o sufixo *-mente,* que só aparece no último advérbio da série: "Copacabana, Copacabana, louca, total e completamente louca" (canção "Joia", de Caetano Veloso).

(i) O substantivo *hora* se transformou no advérbio-conjunção--interjeição *ora*. Essa também é a origem do francês *or*, usado como advérbio e conjunção.

Os processos de gramaticalização que implicaram em mudança de categoria gramatical estão bem registrados na aparência de muitas palavras que têm emprego gramatical exclusivo e que revelam as etapas de aglutinação de palavras anteriormente soltas: *portanto, porquanto, porventura, contanto, contudo, todavia, talvez, entretanto, enquanto, embora, outrora, agora, entanto, depois, após, dentre* etc.

Nosso advérbio *hoje* provém de *hodie* que já era uma gramaticalização em latim de *hoc die*, 'este dia', enquanto *ontem* provém de *ad noctem*, 'à noite'. Verbos (e até sentenças inteiras) que se transformaram em palavras e locuções gramaticais se revelam em *qualquer, sequer, seja ... seja, exceto, salvo, durante, mediante, não obstante, tomara, pudera, bastante, seja o que for, o que quer que, onde quer que, haja vista* etc.

O *uso* e a consequente *gramaticalização* das formas linguísticas deixam bem evidente que as classes gramaticais não são compartimentos estanques, fechados, como gavetas bem organizadas e arrumadinhas. Ao contrário, as fronteiras entre as classes gramaticais são vagas, fluidas, nebulosas, e justamente por isso as formas linguísticas transitam livremente, ao longo do tempo, de uma para outra, como na conhecida figura dos **vasos comunicantes**.

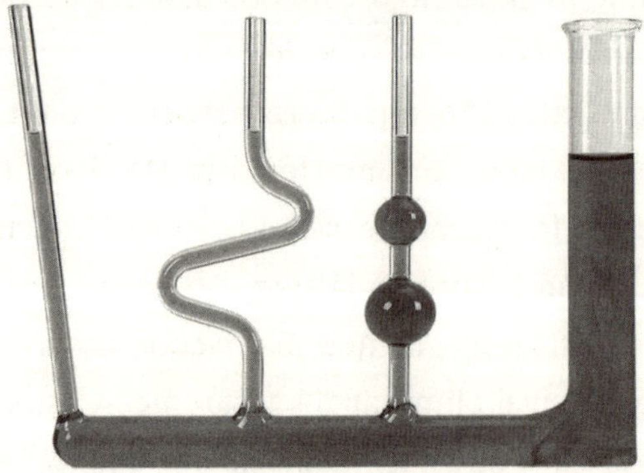

Figura 10: Vasos comunicantes.

Um belo exemplo dessas passagens de uma classe para outra é o da palavra *certo*[4]:

QUANTIFICADOR INDEFINIDO
Aí chegou uma **certa** hora meu marido pegou e fechou a porta à chave.

ADJETIVO
É preciso que eu aplique, que eu utilize os sinais de trânsito na hora **certa**.

SUBSTANTIVO
Não, não, a gente também não pode julgar, pode ser que no futuro, isso que seja o **certo**, e a gente que seja errada, né?

ADVÉRBIO
Ele tem que raciocinar e tem que responder **certo**... não pode enrolar.

MARCADOR CONVERSACIONAL
Eu preciso comer... e eu preciso::... me defender dos animais e eu preciso me esquentar na medida do possível... **certo?**... então a arte vai nascer:: em função dessa NEcessidade... de se manter vivo... a fruta está lá então eles não precisavam se preocupar... **certo?**

Como se deduz facilmente, a gramaticalização — sobretudo em seu recurso à metáfora — é um poderoso fator cognitivo de mudança linguística. Sua consequência é precisamente a reestruturação da gramática/ressignificação do léxico, por meio do discurso, ancorado na semântica e acionado pela pragmática. Assim, a língua vai se afastando do que é para se tornar algo novo, num processo que leva séculos (às vezes até milênios) para se completar, sim, mas somente para ser reiniciado pelos falantes, que ativam outra vez os mesmos processos cognitivos, num ciclo ininterrupto.

3.3. A analogia

O terceiro e último fator cognitivo centrífugo que vamos examinar como grande provocador da mudança linguística é a **analogia**. Quando dizemos que uma coisa é análoga a outra, queremos dizer que é semelhante, parecida. A *analogia* é um processo cognitivo por meio do qual os falantes da língua tendem a **regularizar** formas

4 Exemplos de língua falada coletadas do acervo do Projeto NURC (Norma Urbana Culta).

irregulares e menos gerais com base em outras formas, mais regulares e de emprego mais frequente. No estudo diacrônico (isto é, histórico) de qualquer língua, é possível observar a analogia em ação, na medida em que formas antes irregulares passaram a se enquadrar em paradigmas regulares. Não por acaso, as formas irregulares que sobrevivem por mais tempo são precisamente aquelas mais usadas e usadas com maior frequência e que, justamente por isso, resistem aos processos de regularização paradigmática.

Por exemplo, na história da língua portuguesa, uma enorme quantidade de particípios passados latinos foram refeitos de acordo com as terminações regulares da maioria dos verbos. Compare alguns deles com os particípios dos mesmos verbos em italiano, que não passaram pela mudança analógica:

Latim	**>**	**Português**	**Italiano**
míttere, missu-	>	meter, metido	*méttere, messo*
mórdere, morsu-	>	morder, mordido	*mórdere, morso*
offéndere, offensu-	>	ofender, ofendido	*offéndere, offeso*
offerire, offertu-	>	oferecer, oferecido	*offrire, offerto*
opprímere, oppressu-	>	oprimir, oprimido	*opprímere, oppresso*
rúmpere, ruptu-	>	romper, rompido	*rómpere, rotto*
assúmire, assumptu-	>	assumir, assumido	*assúmere, assunto*
téndere, tensu-	>	tender, tendido	*téndere, teso*
víncere, victu-	>	vencer, vencido	*víncere, vinto*
suspéndere, suspensu-	>	suspender, suspendido	*sospéndere, sospeso*

Outro caso de analogia em português foi o que se deu com os verbos *impedir, expedir, despedir*, que, ainda no século XVII, se conjugavam *eu impido, eu expido, eu despido* etc. (como em espanhol até hoje, aliás). No entanto, por analogia com a conjugação de *pedir* (*eu peço*), aqueles verbos, que não têm nenhum parentesco etimológico com *pedir*, passaram a se conjugar como ele. Os verbos *impedir, expedir, despedir* têm em sua etimologia a raiz *ped-* ('pé'): *impedir* seria travar o pé de alguém, não deixar que se vá. Já o verbo *pedir* provém de *petire* (< *petĕre*).

A equação que a analogia desenvolveu é algo assim:

A : B : : C : x → A está para B, assim como C está para x

pedir : peço : : impedir : impeço

Muitas formas linguísticas usuais no português se devem a processamentos analógicos. Vamos ver mais exemplos.

Palavras são conduzidas a um novo *gênero* gramatical: *o ferrugem, a tomate, o couve, o omelete, a dó, o alface, a sabiá, o hortelã* etc. Nesses casos, a ausência das vogais átonas finais *-o* e *-a* que se tornaram, na história da língua, morfemas de gênero masculino e feminino, respectivamente, deixa liberdade ao falante para a atribuição de gênero. Essas mudanças de gênero foram muito comuns na história da língua: n'*Os Lusíadas*, por exemplo, se fala "dos feios focas". Também na língua antiga se dizia *a tigre, a fantasma, a planeta*...

Muitos falantes costumam flexionar o advérbio *menos*, interpretado como adjetivo, gerando a forma *menas*: *menas gente*. Em áreas do Nordeste, a palavra *tapa* é considerada feminina — *vou te dar uma tapa na cara* —, por analogia com as demais palavras terminadas em *-a*.

Palavras são conduzidas a um novo *número* gramatical: é o caso conhecido de *óculos*, que para nós é exclusivamente singular, decerto por analogia com *pires, ônibus, lápis*, e também pela evidência empírica de que se trata de um objeto único e não de um par. Ninguém usa um *óculo*, mas sempre um objeto único com duas lentes. Essa evidência empírica da unidade do objeto também atingiu palavras que, no português clássico, eram usadas sempre no plural: *tesouras, calças, ceroulas, tenazes*, e que no português brasileiro só são empregadas no singular.

Regências verbais sofrem alteração: o verbo *assistir*, por sua identidade semântica com verbos transitivos diretos como *ver, presenciar, frequentar, observar* etc. se tornou exclusivamente transitivo direto no português brasileiro: *assisti [= vi] o filme novo do Batman.*

Palavras são consideradas, por equívoco, como derivadas de outras, com as quais não têm relação. Por exemplo, é comum a inserção de um *c* em "aficcionado" por uma falsa analogia com *ficção*. O vocábulo no entanto provém diretamente do espanhol *aficionado* e tem a mesma origem do português *afeição*.

Analogias por hipercorreção também ocorrem, criando dessa vez formas irregulares. O particípio passado *pego* (de *pegar*) já foi considerado próprio de "ignorantes" e hoje é usado pelas pessoas mais letradas. O mesmo processo que gerou *pego* gerou também *trago* (do verbo *trazer*) e *chego* (do verbo *chegar*), ainda muito malvistos pelos falantes escolarizados. Esses particípios irregulares se formaram por analogia com *pago*, do verbo *pagar*, e com outros particípios irregulares (*entregue, aceito, feito, dito* etc.).

Os nomes dos meses *setembro, outubro, novembro* e *dezembro* ganharam um *-o* final por analogia com *janeiro, fevereiro, março, maio, junho, julho*. Pelas mudanças regulares da língua, era de se esperar que terminassem em *-e* (como em espanhol: *setiembre, octubre, noviembre, diciembre*).

Alguns exemplos de mudança fonética ocasionado por analogia são:

(a) Do francês *camion* o esperado seria *camião*, mas por analogia com *caminho* surgiu *caminhão*.
(b) De *frio* mais o sufixo *-ento* se esperaria *friento*, mas por analogia com *calorento* temos *friorento*.
(c) De *herba* mais o sufixo *-izar* teríamos *herbizar*, mas por analogia com *arborizar* o que temos é *herborizar*.
(d) Do francês *cheminée* teríamos *cheminé*, mas por analogia com *chama*, temos *chaminé*.
(e) O numeral *noventa* provém do latim *nonaginta*. O *v* se deve à analogia com o numeral *nove*.
(f) A palavra *floresta* provém do latim *forestis* "bosque externo", mata que fica *fora* da cidade. Aqui a analogia se deu com a palavra *flor*.

(g) Pelas mudanças fonéticas regulares, o latim *fabulare* deveria ter resultado em *fabrar*. A forma *falar* é explicada por analogia com *calar*, verbo com o qual *falar* compõe um par muito usado.

As crianças, quando estão aprendendo a falar, recorrem o tempo todo à analogia. Isso demonstra sua alta inteligência linguística e a força irresistível dos processos cognitivos. As formas analógicas consideradas "erradas" pelos pais e familiares costumam ser corrigidas, mas algumas, com o passar do tempo, acabam se incorporando à língua mais geral. Todo mundo já ouviu alguma criancinha dizer "sabo" em lugar de *sei*, "se eu sesse" em lugar de *se eu fosse*, "eu di" em lugar de *eu dei*, "eu pido" em lugar de *eu peço*, "eu odio" em lugar de *eu odeio* e tantas outras coisas parecidas, perfeitamente regulares.

Mas a analogia, é claro, também atua com força entre os adultos, inclusive os mais letrados. Por exemplo: existe em português (para desespero dos falantes estrangeiros que têm de aprender a língua) uma alternância entre vogal fechada e vogal aberta quando a mesma palavra é substantivo ou verbo. Assim, temos *o jogo/eu jogo, o almoço/eu almoço, o choro/eu choro, o contorno/eu contorno* e assim por diante. Ora, como todos os brasileiros transformaram o ditongo escrito *ou* numa vogal simples [o], o princípio da alternância vocálica passou a ser aplicado também às palavras que, na escrita têm esse ditongo:

o r[ô]bo	eu r[ó]bo
o est[ô]ro	eu est[ó]ro
o p[o]so	eu p[ó]so

Por fim, convém ressaltar que os três fatores de mudança linguística examinados aqui — *economia linguística, gramaticalização, analogia* — interagem o tempo todo numa rede complexa de processamentos cognitivos, de modo que não é possível delimitar com exatidão o que se deve a cada um deles: é mais produtivo encarar as inovações linguísticas como o resultado dessa rede complexa de cognição que, decerto, inclui outros processamentos.

4. Conclusão

A mudança linguística, portanto, é fruto da interação permanente e intensa de fatores socioculturais e sociocognitivos. Sua gênese, sua difusão e sua implementação estão estreitamente vinculadas à **história social** dos falantes de uma língua.

É certo dizer que existem *tendências universais* de mudança linguística. No entanto, como a história de cada comunidade de falantes tem seu ritmo, também as mudanças processadas em sua língua terão ritmos diferentes. É muito interessante examinar variedades de uma mesma língua para detectar esses diferentes ritmos da mudança.

Como vimos, as mudanças linguísticas são inevitáveis, mas podem ser aceleradas, retardadas ou até revertidas de acordo com fatores socioculturais, sociolinguísticos e sociocognitivos. Mas a reversão é muito rara: na grande maioria dos casos a mudança segue em frente.

A língua não existe. O que existe, concretamente, são **falantes da língua**, seres humanos com história, cultura, crenças, desejo e poder de ação. Se a língua muda é porque os falantes, todos, são dotados de extraordinárias capacidades cognitivas, de um cérebro que o tempo todo, a cada instante, está processando e reprocessando a língua, que é o mais importante vínculo de cada indivíduo com o universo que o rodeia e o mais importante cimento de construção da identidade de um grupo humano. Assim, a língua não muda nem para melhor, nem para pior: simplesmente muda, ao sabor dos fenômenos sociocognitivos que acabamos de examinar.

PARTE 3

Exercícios de reflexão

1. Tente sintetizar a discussão feita na Parte I sobre a noção de que a língua é um *objeto escondido*, comparando-a com a ideia de que a linguística tenta explicitar "o que o falante sabe mas não sabe que sabe".

2. Você já deve ter ouvido falar de uma tradicional fábula indiana em que aparecem seis homens cegos e um elefante. Os cegos se diziam muito sábios, mas nunca tinham estado na presença do grande animal. Alguém então traz um elefante para perto deles, que começam a apalpar o bicho. O cego que passou as mãos pela tromba conclui que o elefante deve ser algum tipo de serpente; o que tocou numa das pernas do paquiderme deduz que se trata de algo como o tronco de uma palmeira; o que pegou na orelha do bicho declara que o elefante é um grande leque; o

que apalpou a longa e grossa presa pontiaguda afirma que o elefante é uma espécie de arma perfurante; o que segurou a cauda diz que o elefante é um tipo de corda; e o que apalpou um dos flancos do animal diz que ele é algo como uma montanha que se mexe... A sabedoria tradicional indiana diz que essa parábola ilustra o acesso sempre parcial e restrito que nós, seres humanos, temos à Verdade, ao conhecimento total e absoluto das coisas do mundo visível e invisível. Seria possível aplicar essa fábula aos estudos da linguagem e às diversas teorias surgidas nesse campo? Justifique sua resposta.

3. O escritor francês **Antoine de Rivarol** (1753-1801) pronunciou, em 1784, um famoso discurso sobre sua língua materna, no qual declarou:

> [...] la syntaxe française est incorruptible. C'est de là que résulte cette admirable clarté, base éternelle de notre langue. *Ce qui n'est pas clair n'est pas français*; ce qui n'est pas clair est encore anglais, italien, grec ou latin.
>
> [...] a sintaxe francesa é incorruptível. É daí que resulta esta admirável clareza, base eterna de nossa língua. *O que não é claro não é francês*; o que não é claro ainda é inglês, italiano, grego ou latim.

Por sua vez, o filósofo alemão **Martin Heidegger** (1889-1976) escreveu, em 1913, que só é possível filosofar em alemão e em grego. Apesar de muito citadas, essas declarações contradizem alguns pressupostos básicos da linguística contemporânea. Quais?

4. Observe as imagens. São duas traduções do famosíssimo *O pequeno príncipe*, de **Antoine de Saint-Exupéry** (1900-1944), livro publicado em francês em 1946 (mas escrito em 1943). Na capa do livro *A* está escrito, em italiano: *traduzione in lingua napoletana* ("tradução em língua napolitana"). Na capa do livro *B* está escrito, em romanholo: *in dialet rumagnôl* ("em dialeto romanholo"). Observe, reflita e responda:

A Antoine de Saint-Exupéry

'O Princepe Piccerillo

con gli acquerelli originali dell'autore

traduzione in lingua napoletana di
Roberto D'Ajello

A

I

Quann'io tenevo seje anne, na vota, vedette nu disegno bello assaje ncopp'a nu libbro ca parlava d' 'a furesta vergene e se chiammava *Storie vissute*. Se vedeva nu serpente boa ca s'agliutteva n'animale. Chesta è 'a copia d' 'o disegno.

Se diceva dint' 'o libbro: «'E serpiente boa s'agliotteno unu muorzo 'a preda sana sana, senza mazzeca'. Doppo nun se pônno cchiù movere e dormeno tutt' 'e seje 'e mise ca le servono p'alliggeri'.»

Me fermaje a penza' pe nu cuofeno 'e tiempo ncopp'a ll'avventure d' 'a giungla. Po', cu nu lappese a cculore, riuscette a fa' 'o primmo disegno mio. 'O disegno mio nummero 1. Era fatto accussì:

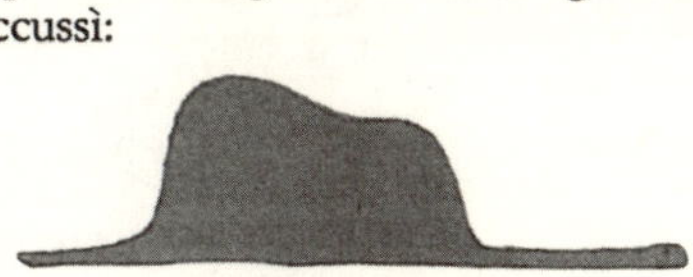

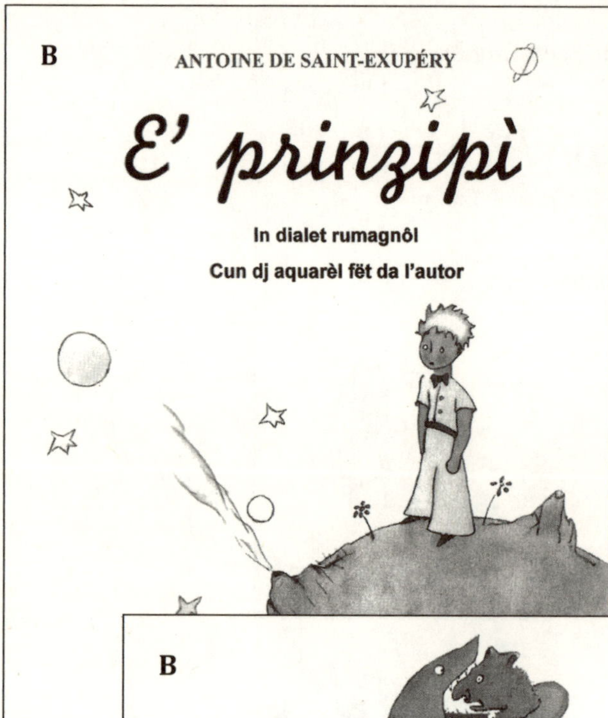
B

ANTOINE DE SAINT-EXUPÉRY

E' prinzipì

In dialet rumagnôl

Cun dj aquarèl fët da l'autor

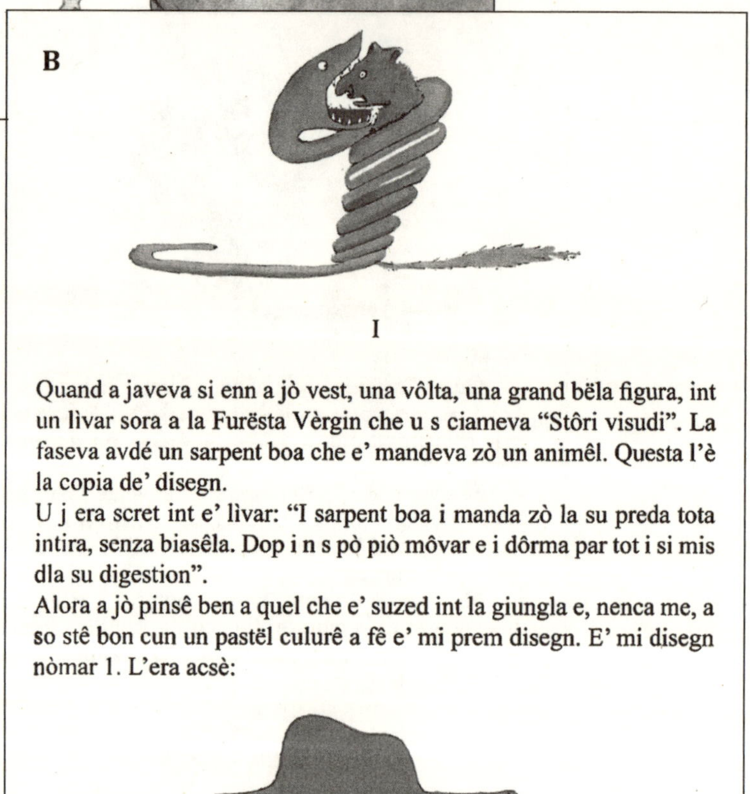
B

I

Quand a javeva si enn a jò vest, una vôlta, una grand bëla figura, int un lìvar sora a la Furësta Vèrgin che u s ciameva "Stôri visudi". La faseva avdé un sarpent boa che e' mandeva zò un animêl. Questa l'è la copia de' disegn.
U j era scret int e' lìvar: "I sarpent boa i manda zò la su preda tota intira, senza biasêla. Dop i n s pò piò môvar e i dôrma par tot i si mis dla su digestion".
Alora a jò pinsê ben a quel che e' suzed int la giungla e, nenca me, a so stê bon cun un pastël culurê a fê e' mi prem disegn. E' mi disegn nòmar 1. L'era acsè:

(a) Leia os textos de cada tradução. Compare algumas frases e construções: *Quann'io tenevo seje anne / Quand a javeva si enn* ("Quando eu tinha 6 anos"). Com base na aparência escrita desses textos, você acredita que os leitores da tradução *A* conseguem entender totalmente a tradução *B* e vice-versa?

(b) O romanholo é falado na região da Emilia-Romanha, no norte da Itália e é considerado, pela UNESCO, como uma das línguas minoritárias ameaçadas de extinção. O napolitano é falado no sul da Itália, na região em torno da cidade de Nápoles e tem mais de cinco milhões de falantes. A única língua oficial da Itália é o italiano, a única ensinada nas escolas, usada na administração pública, nos meios de comunicação etc. O país, no entanto, apresenta um multilinguismo impressionante. Por que, na sua opinião, a editora do texto napolitano colocou, na capa, *lingua napoletana*, mas em italiano oficial (e não em napolitano, que seria *lengua napulitana*)? Compare com a tradução em romanholo: na capa vem escrito *in dialet rumagnôl*, em romanholo e não em italiano oficial. Cada uma dessas opções pode revelar uma atitude específica dos editores e/ou tradutores com relação ao modo de falar característico de sua região. Reflita e discuta que atitudes seriam essas com base na discussão feita neste livro sobre a relação entre as palavras *língua* e *dialeto* ao longo da história.

5. Em latim clássico, o verbo *amor* significava "sou amado", porque a voz passiva era formada de uma só palavra. A conjugação passiva apresentava terminações específicas para cada pessoa em cada tempo verbal. Por exemplo, *amarémus*: "nós éramos amados". Nenhuma língua românica conservou isso. Como se forma a voz passiva nessas línguas e o que teria provocado essa mudança?

6. Num espaço de apenas trezentos anos, a língua inglesa passou por mudanças radicais. Veja essas diferenças nos quadros abaixo, em

que comparamos o inglês antigo (falado até o século XII) e o inglês moderno (falado a partir do século XV):

	Inglês antigo		Inglês moderno	
Infinitivos	stelan / tō stelanne		to steal ("roubar")	
Presente do indicativo	ic	stele	*I / you we/you/they*	*steal*
	þū*	stilst		
	hē/hit/hēo	stilð**	*he/she it*	*steals*
	wē/gē/hīe	stelaþ		
Pretérito perfeito	ic	stæl	*I*	*stole*
	Þū	stǣle	*you*	
	hē/hit/hēo	stæl	*he/she/it*	
	wē/gē/hīe	stǣlon	*we/you/they*	

* A letra **þ** representa o som do *th* moderno em *think*.
** A letra **ð** representa o som do *th* moderno em *them*.

Na conjugação verbal, as quatro formas do presente, bem diferentes entre si, se reduziram a duas, com a única diferença de um *-s* na 3ª pessoa do singular. Já no pretérito perfeito, as quatro formas do verbo se reduziram a uma só. A mesma coisa aconteceu com os substantivos e adjetivos: eles podiam ser masculinos, femininos e neutros, no inglês antigo, enquanto no inglês moderno os nomes simplesmente não têm gênero gramatical algum. No inglês antigo, os substantivos e adjetivos tinham formas diferentes de acordo com o caso sintático (sujeito, objeto direto, objeto indireto, complemento genitivo) e as terminações variavam de acordo com o gênero e o número. A palavra *bōc* ("livro"), que era do gênero feminino, podia assumir as formas *bōc*, *bēc*, *bōca*, *bōce*, *bōcum* conforme o caso. No inglês moderno só existem as formas *book*, no singular, e *books*, no plural.

Investigue o que se passou na Inglaterra entre os séculos XII e XV em termos de conquistas, invasões e contatos linguísticos e busque uma explicação sócio-histórica para essas mudanças tão drásticas ocorridas em tão pouco tempo.

7. Procure num dicionário de inglês os significados da palavra *back*. Compare-os com esses dados da língua ewe, falada na Nigéria:

(a)

épé	*megbé*	*fá*
dele	costas	é.frio
"As costas dele são frias"		

(b)

é-le	*xɔ-á*	*megbé*
ele.é	casa-a	costas
"Ele está de volta da casa"		

Releia o que dissemos sobre gramaticalização e tente explicar o que aconteceu tanto em inglês quanto em ewe.

8. Em certas variedades do português brasileiro, encontramos as formas *nós cantamo* (presente) e *nós cantemo* (passado). Como se poderia explicar essa inovação?

9. No português brasileiro, é muito comum o apagamento da consoante [r] em final de palavras, principalmente nos infinitivos verbais: *falá, entendê, descobrí* etc. No português europeu, a consoante [r] é preservada, mas sempre seguida de uma vogal [ə], que não existe no português brasileiro: *falar[ə], entender[ə], descobrir[ə]*. No francês padrão, o *r* dos infinitivos verbais da 1ª conjugação (a mais produtiva de todas) ainda é escrito, mas deixou de ser pronunciado há muitos séculos (o sublinhado indica a sílaba tônica): *parler* [parle] ("falar"), *tomber* [tõbe] ("cair"), *aimer* [eme] ("amar"). Há uma tendência comum nessas mudanças? Qual?

10. Nas línguas que apresentam terminações especiais para indicar a função gramatical das palavras, a ordem das palavras na frase é bastante livre. Em latim clássico, por exemplo, poderíamos encontrar *pueri lupos viderunt, lupos viderunt pueri, pueri viderunt lupos, viderunt pueri lupos, lupos pueri viderunt*... A terminação *-i* de *pueri* indica que essa palavra é o sujeito, o que também fica claro pelo verbo *vider-unt*, em que o *-unt* indica 3ª pessoa do plural do pretérito perfeito, enquanto *lup-os* é objeto direto plural. Agora responda:

(a) Sabendo que *puer* é "menino", *lupus* é "lobo" e *videre* é "ver", qual seria a tradução dessas frases?

(b) Ao fazer a tradução, você teve a mesma flexibilidade de ordem do latim clássico?

(c) Para compensar a perda das terminações de caso, que estratégia foi adotada pelos falantes de português (e das outras línguas descendentes do latim)?

(d) Existe um ditado latino famoso que diz: *Homo homini lupus* — "o homem é o lobo do homem". Sete palavras do português são necessárias para traduzir três do latim. Por quê?

11. Os pronomes relativos têm uma característica muito especial: eles funcionam, ao mesmo tempo, como pronomes, sim, mas também como conectivos, isto é, elementos que unem, conectam, uma oração a outra. Assim:

(a) Minha vizinha tem um cachorro. O cachorro late a noite inteira.

sujeito de 'late': retoma 'cachorro' ↓

(b) Minha vizinha tem um cachorro **que** late a noite inteira.

↑ conector das duas orações

Ora, a construção mais frequente no português brasileiro falado hoje em dia, nesses casos, é esta:

(c) Minha vizinha tem um cachorro **que ele** late a noite inteira.

Essa mudança corresponde a que tipo de fenômeno, dentre os estudados na Parte III do livro?

12. Em diversas regiões do Brasil, encontramos pessoas que usam o verbo *ponhar* onde se esperaria o verbo *pôr*. Também podemos ouvir *eu seio* no lugar de "eu sei". Como e por que teriam surgido essas formas inovadoras?

13. Vimos na Parte II, ao falar da gramaticalização, o interessante caso da fórmula negativa *don't do* inglês. Ora, em francês a negação também tem suas peculiaridades. Para dizer "não sei", os falantes de francês dizem "je ne sais pas". A palavra *pas* significa 'passo'. Além dela, outras também entram nas fórmulas negativas do francês: "je ne sais point" ['ponto'], "je ne sais goutte" ['gota'], embora essas duas últimas sejam usadas com valor enfático. O *pas* deixou de ser substantivo e se transformou, nessas construções, numa partícula negativa. Hoje em dia, aliás, na língua falada espontânea, os franceses já dispensam o *ne* e usam apenas o *pas*: "tu parles pas anglais?" ["você não fala inglês?"]. Releia o que dissemos sobre os processos de gramaticalização e tente explicar o que ocorreu com a negação em francês.

Para ir mais longe: sugestões de leitura

Podemos dizer que a linguística é mais do que uma ciência: são várias. Afinal, a linguagem é a própria essência da espécie humana e, para estudá-la, temos à nossa disposição muitos e variados pontos de vista e campos de investigação e ação. Para você começar a se aprofundar um pouco mais nesse universo fascinante, aqui vão algumas sugestões de leitura. Em cada obra abaixo, é claro, você encontrará mais títulos para prosseguir em sua exploração.

- *História concisa da linguística*, de Barbara Weedwood (Parábola Editorial, 2002). Nesse pequeno livro, a autora resume a história das discussões sobre língua e linguagem na tradição ocidental, faz uma rápida apreciação das várias escolas teóricas surgidas ao longo do tempo, desde os gregos antigos até o século XX.

- *Manual de linguística*, organizado por Mário Eduardo Martelotta (Contexto, 2008). Os diversos autores reunidos nesse livro apresentam os principais conceitos das ciências da linguagem e oferecem uma visão detalhada de cada uma das principais correntes teóricas da linguística moderna e contemporânea.

- *Introdução à linguística*, três volumes organizados por Fernanda Mussalim e Anna Christina Bentes (Cortez, 2001). Essa coleção pretende oferecer o mais amplo panorama possível das ciências da linguagem em todos os seus aspectos. Os capítulos abordam a língua como sistema (fonética, fonologia, morfologia, sintaxe) e daí partem para outras abordagens como a semântica, a pragmática, a discursiva etc. As principais subdivisões da linguística também são contempladas: sociolinguística, psicolinguística, linguística textual, neurolinguística etc. No terceiro volume, as grandes vertentes teóricas (estruturalismo, funcionalismo, gerativismo, cognitivismo etc.) são passadas em revista, comentadas e criticadas.

- *Para entender a linguística*, de Robert Martin (Parábola Editorial, 2003). O autor tenta mostrar de que modo os estudos da linguagem têm um campo próprio, bem delimitado, mas ao mesmo tempo não podem se fechar às outras disciplinas que tratam do que é humano, como a história, a sociologia, a filosofia, a lógica etc. Uma abordagem clara e bem documentada que pode despertar o linguista que, segundo o autor, se encontra dentro de cada um de nós.

- *Gramática pedagógica do português brasileiro*, de Marcos Bagno (Parábola Editorial, 2012). Embora se preocupe em descrever o português brasileiro contemporâneo, o autor, na primeira metade do livro, propõe uma concepção de língua como fenômeno sociocultural e sociocognitivo, desmonta o mito das línguas "primitivas", oferece um longo tratamento dos fenômenos de mudança linguística, conta a história do surgimento da disciplina gramatical entre os pensadores gregos e, principalmente, descreve os principais conceitos necessários para um bom entendimento dos fatos gramaticais (ordem das palavras, análise *vs.* síntese, topicalização, gramaticalização etc.).

- *Linguística funcional: teoria e prática*, organizado por Maria Angélica Furtado da Cunha, Mariângela Rios de Oliveira e Mário Eduardo Martelotta (FAPERJ/DP&A, 2003). Essa pequena introdução à linguística funcional mostra as origens das teorias funcionalistas, os principais conceitos com que elas operam (com foco na gramaticalização e na mudança linguística), além de oferecer sugestões para o ensino com base na abordagem funcional da língua.

- *Introdução à linguística cognitiva*, de Lilian Ferrari (Contexto, 2011). Os estudos cognitivistas representam a vertente mais atual de estudos da linguagem. Na verdade, a cognição já era um pano de fundo importante para as teorias formalistas (principalmente o gerativismo de Noam Chomsky) surgidas nos anos 1950-1960, mas as abordagens contemporâneas abandonam os postulados exclusivamente genéticos, biológicos, daquelas teorias para se debruçar na interação entre cognição, sociedade e cultura. Esse livro oferece uma síntese bem atualizada desses novos estudos.

- *Nada na língua é por acaso: por uma pedagogia da variação linguística*, de Marcos Bagno (Parábola Editorial, 2007). A sociolinguística já provou que tem muitas contribuições a dar ao ensino de língua nas escolas. Nesse livro, o autor apresenta os principais conceitos da sociolinguística variacionista, detalha os processos de mudança linguística e propõe a aplicação dos postulados da sociolinguística ao ensino de português no Brasil.

- *A história das línguas*, de Tore Janson (Parábola Editorial, 2015). As línguas, como seus falantes, têm história. Nesse livro, o autor retraça o que aconteceu, ao longo do tempo, com línguas como o grego, o latim, o egípcio, o árabe e o chinês, que foram (ou ainda são) usadas por milhões de pessoas, e mostra de que forma essas expansões estão muito atreladas ao poder político, às decisões vindas do alto, ao desenvolvimento econômico e tecnológico das nações onde eram (ou são) faladas. Também conta a história das línguas de colonização moderna (português, inglês, francês, espanhol) e como elas se estabeleceram nas novas terras conquistadas.

Índices

Índice de assuntos

Índice de nomes

Índice de línguas

ESTRATÉGIAS de ENSINO

1. *O ensino do espanhol no Brasil*, João Sedycias [org.]
2. *Português no ensino médio e formação do professor*, Clecio Bunzen & Márcia Mendonça [orgs.]
3. *Gêneros catalisadores — letramento e formação do professor*, Inês Signorini [org.]
4. *A formação do professor de português — que língua vamos ensinar?*, Paulo Coimbra Guedes
5. *Muito além da gramática — por um ensino de línguas sem pedras no caminho*, Irandé Antunes
6. *Ensinar o brasileiro — respostas a 50 perguntas de professores de língua materna*, Celso Ferrarezi Jr.
7. *Semântica para a educação básica*, Celso Ferrarezi Jr.
8. *O professor pesquisador — introdução à pesquisa qualitativa*, Stella Maris Bortoni-Ricardo
9. *Letramento em EJA*, Maria Cecilia Mollica & Marisa Leal
10. *Língua, texto e ensino — outra escola possível*, Irandé Antunes
11. *Ensino e aprendizagem de língua inglesa — conversas com especialistas*, Diógenes Cândido de Lima [org.]
12. *Da redação à produção textual — o ensino da escrita*, Paulo Coimbra Guedes
13. *Letramentos múltiplos, escola e inclusão social*, Roxane Rojo
14. *Libras? Que língua é essa?*, Audrei Gesser
15. *Didática de línguas estrangeiras*, Pierre Martinez
16. *A palavra e a sentença — estudo introdutório*, Ronaldo de Oliveira Batista
17. *Coisas que todo professor de português precisa saber*, Luciano Amaral Oliveira
18. *Gêneros textuais & ensino*, Angela Paiva Dionisio, Anna Rachel Machado & Maria Auxiliadora Bezerra [orgs.]
19. *As cadeias do texto — construindo sentidos*, Cláudia Roncarati
20. *Produção textual na universidade*, Désirée Motta-Roth & Graciela Rabuske Hendges
21. *Análise de textos — fundamentos e práticas*, Irandé Antunes
22. *Dicionários escolares — políticas, formas & usos*, Orlene Lúcia de Sabóia Carvalho & Marcos Bagno [orgs.]
23. *Inglês em escolas públicas não funciona? Uma questão, múltiplos olhares*, Diógenes Cândido de Lima [org.]
24. *Dicionários na teoria e na prática — como e para quem são feitos*, Claudia Xatara, Cleci Regina Bevilacqua & Philippe Humblé
25. *Gêneros textuais — reflexões e ensino*, Acir Mário Karwoski, Beatriz Gaydeczka & Karim S. Brito
26. *Letramentos de reexistência — poesia, grafite, música, dança: hip-hop*, Ana Lúcia Silva Souza
27. *Pesquisar no labirinto — a tese, um desafio possível*, Francisco Perujo Serrano
28. *O território das palavras — estudo do léxico em sala de aula*, Irandé Antunes
29. *Multiletramentos na escola*, Roxane Rojo & Eduardo Moura [orgs.]
30. *Leitura e mediação pedagógica*, Stella Maris Bortoni-Ricardo et alii [org.]
31. *Numeramento — aquisição das competências matemáticas*, Michel Fayol
32. *Letramentos no ensino médio*, Ana Lúcia Silva Souza, Ana Paula Corti & Márcia Mendonça
33. *Neologia em português*, Margarita Correia & Gladis Maria de Barcellos Almeida
34. *Língua e literatura: Machado de Assis na sala de aula*, Alexandre Huady T. Guimarães & Ronaldo de Oliveira Batista
35. *O ouvinte e a surdez — sobre ensinar e aprender a libras*, Audrei Gesser
36. *Ensinar na universidade — conselhos práticos, dicas, métodos pedagógicos*, Markus Brauer
37. *Os doze trabalhos de Hércules — do oral para o escrito*, Stella Maris Bortoni-Ricardo & Veruska Ribeiro Machado [orgs.]
38. *Múltiplas linguagens para o ensino médio*, Clecio Bunzen & Márcia Mendonça [orgs.]
39. *Leitura de literatura na escola*, Maria Amélia Dalvi, Neide Luzia de Rezende & Rita Jover-Faleiros [orgs.]
40. *Escol@ conectada — os multiletramentos e as tics*, Roxane Rojo [org.]
41. *Sete erros aos quatro ventos — a variação linguística no ensino de português*, Marcos Bagno
42. *Cenas surdas: os surdos terão lugar no coração do mundo?*, Renato Dente Luz
43. *Aquisição de linguagem*, Michèlle Kail
44. *Métodos de ensino de inglês — teorias, práticas, ideologias*, Luciano Amaral Oliveira
45. *Aquisição da escrita*, Michel Fayol
46. *Pedagogia do silenciamento — a escola brasileira e o ensino de língua materna*, Celso Ferrarezi Jr.
47. *Por que a escola não ensina gramática assim?*, Stella Maris Bortoni-Ricardo et al. [orgs.]
48. *Aquisição de segunda língua*, Vera Lúcia Menezes de Oliveira e Paiva
49. *Gramática contextualizada — limpando "o pó das ideias simples"*, Irandé Antunes
50. *Língua, Linguagem, linguística — pondo os pingos nos ii*, Marcos Bagno
51. *Hipermodernidade, multiletramentos e gêneros discursivos*, Roxane Rojo & Jacqueline Barbosa
52. *Produzir textos na educação básica — o que saber, como fazer*, Celso Ferrarezi Jr. & Robson S. de Carvalho
53. *Faça a diferença — ensinar línguas estrangeiras na educação básica*, Alex Garcia da Cunha & Laura Miccoli [orgs.]
54. Coaching *instrucional — formação continuada e ensino de línguas*, Alex Garcia da Cunha
55. *Fonologia, fonética e ensino — guia introdutório*, Mikaela Roberto
56. *De alunos a leitores — o ensino da leitura na educação básica*, Celso Ferrarezi Jr. & Robson S. de Carvalho
57. *Enunciado de atividades e tarefas escolares — modos de fazer*, Denise Lino de Araújo
58. *Tiras no ensino*, Paulo Ramos
59. *O mundo na sala de aula — intertextualidade nos anos finais do ensino fundamental*, Maria Silvia Gonçalves
60. *Textualidade — noções básicas e implicações pedagógicas*, Irandé Antunes
61. *Poesia na sala de aula*, Hélder Pinheiro
62. *Ensinar a ler, aprender a avaliar — avaliação diagnóstica das habilidades de leitura*, Robson S. de Carvalho
63. *Oralidade na educação básica — o que saber, como ensinar*, Robson Santos de Carvalho & Celso Ferrarezi Jr.
64. *Vygotsky — a interação no ensino/aprendizagem de línguas*, Francisco José Quaresma de Figueiredo
65. *Intercompreensão — a chave para as línguas*, Pierre Escudé & Francisco Calvo del Olmo
66. *A alfabetização de idosos — um tema urgente no Brasil*, Kátia Abreu & Maria Carlota Rosa
67. *A função da literatura na escola — resistência, mediação e formação leitora*, Maria do Socorro A. N. Macedo [org.]
68. *A oralidade no ensino de línguas estrangeiras*, José Ricardo Dordron de Pinho [org.]
69. *A avaliação na escola — Guia de conceitos e práticas*, Robson Santos de Carvalho
70. *Aprendendo com os erros — uma perspectiva comunicativa do ensino de línguas*, Francisco José Quaresma de Figueiredo

Esta obra foi composta em Cambria 11/16
e impressa em papel Luxcream 70g
para a **Parábola Editorial** em abril de 2024.

Impressão e acabamento:
Gráfica Paym